ANCIENT GREEK THEOPHORIC TOPONYMS
Griechische theophore Ortsnamen

Busso Loewe

WITH A PREFATORY NOTE

ARES PUBLISHERS INC.
CHICAGO   MCMLXXX

PREFATORY NOTE

For the student of ancient history, particularly the history of the period of Greek expansion and colonization in the area of the Mediterranean, theophoric toponyms are an invaluable aid. The colonists of this period, in importing their cults to the new lands, often formed the names of the colonies they founded from the names of the gods, goddesses, or heroes of the mother city's pantheon that were connected with the particular plans for these colonies.

Theophoric toponyms are also invaluable for the field archaeologist, the epigraphist, and the numismatist. A colony named *Poseidonia,* for example, might be expected to have an old and important temple of Poseidon, inscribed dedications and art related to him, and at least one important coin-type depicting its city-god.

Busso Loewe's *Griechische Theophore Ortsnamen* was originally published privately in limited quantity (Tübingen, 1936). World War II distracted the international scholarship from a careful consideration of Loewe's work as the first rate reference it is, and as a result, it has not until now enjoyed the popularity it deserves. Forty four years after its original publication, this work sitll represents a solid contribution to classical scholarhsip, and is a pioneer research aid.

In the present work, the Theophoric toponyms which originated from the name or special epithets of each Greek God, goddess or hero (including minor divinities) are classified according to the hierarchy of Olympus (List on page 3), and are accompanied by all of the references to the ancient sources which record, locate, or explain them. Sources demanding special attention are fully quoted in the text or in the footnotes (in the original Greek or Latin), and supporting evidence from archaeological, epigraphical, or linguistic studies is amply employed in the author's informative commentaries. A detailed index of the Greek Theophoric toponyms discussed in the work is included on pages 125-127.

Exact Reprint of the Edition:
Tübingen 1936
Ares Publishers Inc.
612 North Michigan Avenue
Chicago, Illinois 60611
Printed in the United States of America
International Standard Book Number
0-89005-333-2

Inhaltsverzeichnis.

Abkürzungen häufig zitierter Werke.

Ath. Mitt.	=	Mitteilungen des deutschen archäologischen Instituts in Athen.
BCH	=	Bulletin de correspondence hellénique.
Beloch I 1. 2, II 1. 2	=	Karl Julius Beloch, Griechische Geschichte, 2. Aufl., 1924.
Bilabel	=	Friedrich Bilabel, Die ionische Kolonisation, Philologus Suppl. XIV H. 1, 1920.
Bursian	=	Conrad Bursian, Geographie von Griechenland, I (1862), II (1868/72).
CGC	=	Catalogue of the Greek Coins in the British Museum
CIG	=	Corpus inscriptionum Graecarum.
Curtius	=	Ernst Curtius, Beiträge zur geographischen Onomatologie der griechischen Sprache, Nachrichten der Göttinger Ges. d. Wiss. 1861, S. 143 ff.
Ditt. Syll.	=	Sylloge Inscriptionum Graecarum, ed. a Guilelmo Dittenbergero, 1915/24 ³.
Ditt. Syll. Gr. or.	=	Orientis Graeci Inscriptiones selectae, ed. Wilhelmus Dittenberger, 1903/05.
Eijkman	=	J. C. B. Eijkman, Bijdrage tot de Kennis der Grieksche Toponymie, Diss. Amsterdam 1929.
'Εφ. ἀρχ.	=	'Εφημερὶς ἀρχαιολογική.
Fick AO	=	August Fick, Altgriechische Ortsnamen, Bezz. Beitr. I. Bd. 21 (1896) 237/86, II. Bd. 22 (1897) 1—41, III. ebd. S. 42—76, IV. ebd. S. 222/38, V. Bd. 23 (1897) 1—41, IV. ebd. S. 189—244, VII. Bd. 25 (1899) S. 109/27.
Fick VO	=	August Fick, Vorgriechische Ortsnamen, 1905.
Fick H D	=	Ders., Hattiden und Danubier in Griechenland, 1909.
Forbiger	=	Albert Forbiger, Handbuch der alten Geographie, 1877.
Grasberger	=	Lorenz Grasberger, Studien zu den griechischen Ortsnamen, 1888.
Gröhler	=	Hermann Gröhler, Über Ursprung und Bedeutung der französischen Ortsnamen, I (1913).
Gruppe		Otto Gruppe, Griechische Mythologie und Religionsgeschichte, 1906.
Head	=	Head, Historia nummorum.
Heb.-Wilh.	=	Heberdey-Wilhelm, Reisen in Kilikien, Denkschr. der Wiener Akademie 44, 1896.

4

Heb.-Kal.	Heberdey-Kalinka, Reisen in Kilikien, Denkschr. der Wiener Akademie 45, 1897.
IG	Inscriptiones Graecae.
JHS	The journal of hellenic studies.
Keil-Premerstein	Joseph Keil und Anton von Premerstein, Bericht über eine Reise in Lydien und der südlichen Äolis, Denkschr. der Wiener Akademie 53, 1910, 54, 1911. 57, 1914.
Keil-Wilh.	Monumenta Asiae Minoris Antiqua Vol. III. Denkmäler aus dem Rauhen Kilikien, herausg. v. Josef Keil und Adolf Wilhelm, 1931.
Kern	Inschriften von Magnesia am Mäander, 1900.
Kern I, II	Otto Kern, Die Religion der Griechen. I (1926); II (1935).
Krahe	Hans Krahe, Die alten balkanillyrischen geographischen Namen, 1925.
Kretschmer	Paul Kretschmer, Einleitung in die Geschichte der griechischen Sprache, 1896.
KZ	Zeitschrift für vergleichende Sprachforschung, begr. von A. Kuhn.
Lat.	Basilius Latyschew, Inscriptiones antiquae orae septentrionalis Ponti Euxini, I (1885), II (1890), IV (1901).
Ed. Meyer	Geschichte des Altertums II (1893).
Milet	Th. Wiegand, Milet, Bd. I, Heft II—V.
Nilsson Gr. F.	Martin Nilsson, Griechische Feste, 1906.
Nilsson Rel.	Ders., A History of Greek Religion, 1925.
Panofka	Von dem Einfluß der Gottheiten auf die Ortsnamen, Abh. der Berliner Akad. 1840, S. 333 ff., 1841, S. 81 ff.
Pape	Pape-Benseler, Wörterbuch der griech. Eigennamen, 1875 [3].
Ramsay Cit.	W. M. Ramsay, The Cities and Bishopries of Phrygia, 1895/97.
RE	Pauly-Wissowa-Kroll, Realenzyklopädie der klassischen Altertumswissenschaft.
Sardis VI 1. 2	Publication of the American society for the excavation of Sardis, Vol. VI 1. 2. Lydian Inscriptions p. 1, 1916, ed. Enno Littmann. p. 2, 1924, ed. Buckler.
SGDI	Collitz-Bechtel, Sammlung der griechischen Dialektinschriften.
Sittig	Ernst Sittig, De Graecorum nominibus theophoris, Diss. Halle 1911.
Sundwall	Joh. Sundwall, Die einheimischen Namen der Lykier, Klio, Beiheft 11, 1913.
Tit. Lyc.	Tituli Asiae Minoris, Vol. I. Tit. Lyc. lingua Lycia conscripti, ed. Kalinka-Heberdey 1901, Vol. II Tit.Lyc. linguis Graeca et Latina conscripti, ed. Kalinka.

	Fasc. I Pars Lyciae occidentalis cum Xantho Oppido 1920.
	Fasc. II Regio, quae ad Xanthum flumen pertinet 1930.
Tscherikower	= V. Tscherikower, Die hellenistischen Städtegründungen von Alexander dem Großen bis zur Römerzeit, Philologus Suppl. XIX Heft 1, 1927.
Usener	= Hermann Usener, Götternamen, 1896.
Walde-Pokorny	= Alois Walde, Vergleichendes Wörterbuch der indogermanischen Sprachen, herausg. von Julius Pokorny, 1927/32.
Wilamowitz	= Ulrich von Wilamowitz-Moellendorf, Der Glaube der Hellenen I 1931, II 1932.
ZOF	= Zeitschrift für Ortsnamenforschung, herausg. von Joseph Schnetz.

Die antiken Autoren werden in der Art von Pape-Benseler zitiert. Der Anonymi Stadiasmus maris magni wird „Stad." abgekürzt. Der Geograph Ptolemaios ist nach der Ausgabe von Carolus Müller (1883) zitiert.

Einleitung.

Eine systematische Auswertung der theophoren Ortsnamen für die Geschichte der Wanderungen griechischer Kulte im Zusammenhang mit der Kolonisation ist noch nicht in Angriff genommen worden. In der vorliegenden Arbeit treten daher die Beziehungen zwischen Kultwanderung, Kolonisation und Ortsnamengebung in den Vordergrund, welche auf Grund der Ausbreitung der hellenischen Stämme über Kleinasien sowie den gesamten Bereich des Mittelländischen und Schwarzen Meeres zu erwarten sind. In diesem Sinne will der vorliegende Versuch nichts weiter darstellen als einen kleinen Beitrag zu dem Problem des Verhältnisses von griechischer Religionsgeschichte und Siedlungsgeschichte.

Als erster hat Panofka im Anschluß an die theophoren Personennamen die theophoren Ortsnamen untersucht in seiner 1840/41 erschienenen Abhandlung „Von dem Einfluß der Gottheiten auf die Ortsnamen" (Abh. Berl. Akad. 1840, S. 333 ff., 1841, S. 81 ff.). In den Kreis seiner Erörterung bezog er alle Namen, welche nach seiner Ansicht auf Epiklesen und Kultattributen der einzelnen Gottheiten beruhen oder mit ihnen in Beziehung stehen. Viele seiner Ableitungen und Erklärungen sind in der Folgezeit berichtigt oder aufgegeben, manche mit Unrecht beibehalten worden. Vielfach wird von Panofka und späterhin von Gruppe, Usener und Kretschmer theophore Interpretation angewandt, wo die natürlichen Umweltverhältnisse und Eigenschaften der betreffenden Örtlichkeit vollauf zur befriedigenden Deutung des Namens ausreichen oder gar nur sekundäre, auf Volksetymologie zurückgehende Anknüpfung eines Ortsnamens an eine hellenische Gottheit vorliegt.

Die Grundzüge einer griechischen Onomatologie zeichnete Curtius in dem Göttinger Sitzungsbericht „Beiträge zur geographischen Onomatologie der griechischen Sprache" (GGA 1861, S. 143) an dem Beispiel der Vorgebirge; die nach Kultstätten benannten werden S. 158 f. behandelt. Das hier skizzierte Programm führte Aug. Fick in sieben

7

Untersuchungen über „Altgriechische Ortsnamen" in den Jahren 1896/99 durch, in denen er das Ortsnamenmaterial nach formalen und sachlichen Gesichtspunkten ordnete und verarbeitete [1]). Unter Anordnung nach dem sachlichen Inhalt der Namen stellte J. C. B. Eijkman, „Bijdrage tot de kennis der Grieksche Toponymie" (Diss. Amsterdam 1929), die Namen der Städte und Orte zusammen, ohne allerdings in jedem einzelnen Falle die in Pape-Benseler, „Lexikon der griechischen Eigennamen", und den Registern der Inschriftenbände aufgeführten stets kritisch zu prüfen und zu sichten [1]).

Gegen O. Gruppes einseitige Herleitung der überwiegenden Zahl der Ortsnamen von Götternamen (Berl. Wochenschr. f. klass. Philol. 1886, S. 1543) wendet sich bereits Grasberger in seinen „Studien zu den griechischen Ortsnamen" (1888), während Usener „Götternamen" (1896) in weitestem Maße aus theophor interpretierten Ortsnamen lokale Sondergottheiten zu erschließen sucht (S. 231/42). Denselben Weg beschreitet zur gleichen Zeit, wenn auch in geringerem Maße, Kretschmer in seiner „Einleitung in die Geschichte der griechischen Sprache" (1896), in dem Exkurs S. 418/20 „Von Götternamen abgeleitete griechische Ortsnamen". Die Krönung und geradezu hybride Übersteigerung dieser Methode findet sich bei O. Gruppe „Griechische Mythologie und Religionsgeschichte" (1906) S. 742/52.

Ed. Meyer, Geschichte des Altertums, vertritt die Skepsis gegenüber theophorer Interpretation; als erster zieht er die Ableitung des Stadtnamens 'Aϑῆναι von der Göttin 'Aϑήνη in Zweifel, ihm folgt Beloch mit Argumenten, die sich nicht ganz entkräften lassen (s. u. 'Aϑηνᾶ). Meyers Behauptung Bd. II (1893) S. 624, Potidaia auf der Chalkidike sei „die erste Stadt, die nach einem Gotte benannt wird", geht entschieden zu weit und erweist die Notwendigkeit einer zusammenhängenden Behandlung dieser Frage.

Gegenüber den übertriebenen Versuchen der Herleitung der Ortsnamen von Sondergöttern wirken Wilhelm Schulze, Zur Geschichte der lateinischen Eigennamen (Abh. Gött. Ges. d. Wiss. 1904, N. F.

---

1) Theophore Ortsnamen bei Fick, AO Bezz. Beitr. 21, I S. 247 f., 254 f., 268 f., 275; Bd. 22, II S. 8, 10, 21/5, 27 f., III S. 46 f., 58, IV S. 233/36; Bd. 23, V S. 3/9, 18, VI S. 207 f., 219, 221, 234. Bei Eijkman S. 20/23, 63 f. Die Grundlage für die Zusammenstellung bildet das Lexikon von Pape-Benseler, in welchem gelegentliche Irrtümer in Zitaten sowie in der Zuweisung und Deutung der Namen nicht fehlen. Im folgenden sind die aufgeführten Ortsnamen durch die jeweils ausschlaggebenden literarischen, inschriftlichen und numismatischen Stellenangaben belegt.

V 5), und August Fick, „Vorgriechische Ortsnamen" (1905), „Hattiden und Danubier" (1909), ernüchternd und mahnen zur Berücksichtigung der mannigfachen illyrischen, italischen, vorgriechischen und kleinasiatischen Namenelemente, welche die Hellenen in einem ihnen faßbaren, und zwar nicht selten in theophorem Sinne gedeutet und umgestaltet haben.

Eine systematische Ausbeutung der stichhaltigen theophoren Ortsnamen für die Kultwanderungen ist bisher noch nicht erfolgt. Da ist der vorliegende Versuch methodisch angeregt und abhängig von E. Sittig, „De Graecorum nominibus theophoris" (Diss. Halle 1911), naturgemäß mit den sich aus der Sache ergebenden Unterschieden; das Material ist bei den theophoren Ortsnamen zahlenmäßig weit geringer als bei den entsprechenden Personennamen, dafür eignet dem einzelnen Namen um so mehr Gewicht: stellt doch die eine Gottheit in ihrem Namen tragende Ortschaft das eindrucksvollste Zeugnis für den Kult der betreffenden Gottheit überhaupt dar [1]).

[1]) Ein hervorragendes Beispiel für das Gewicht des Ortsnamenbefundes gegenüber der literarisch tradierten Mythologie bietet der Aufsatz von Elias Wessén, „Schwedische Ortsnamen und altnordische Mythologie", in den Acta Philologica Scandinavia Bd. 4, 1929/30, S. 97—115. In Östergötland überwiegen in theophoren Ortsnamen zahlenmäßig sowie hinsichtlich der Größe der Dörfer Njord und Ull, die alte ostschwedische Fruchtbarkeitsgöttin (= Nerthus) und ihr Gatte, gegenüber Oden, Tor und Frö. Die Verteilung bestätigt sich in anderen Provinzen. Von den gesamten theophoren Ortsnamen Schwedens heißen 24 (25) nach Ull, davon 18 (19) Ullevi, ihm folgt Tor mit 19, Frö mit 18, F. öja mit 15, Njord mit 12, Oden mit 11; Skädhvi findet sich 16mal (Skädh-i.g. 18mal). Die eddische Mythologie schweigt über Ull, den meistverehrten Gott der Ostgötar, die schwedische Vegetationsgöttin Njord ist in ihr fast unkenntlich; da verbürgen die theophoren Ortsnamen das hohe Alter sowie die überragende Bedeutung dieses Götterpaares, dessen Kultnachfolger Frö und Fröja sind.

In anderen Ländern Europas gewährt das Material keinen so vollständigen Überblick. In Deutschland finden sich aus vorchristlicher Zeit: Wodenesberg = Godesberg a. Rh., Wodenesberg = Gudensberg in Hessen-Nassau, Wodenesweg = Gutenswegen, Prov. Sachsen, Pholesbrunnen = Pfuhlsborn in Thüringen, Odeslo = Oldesloe (vielleicht von Od, altnordisch Audhr), Donnersberg u. a. (zitiert nach Friedrich Mentz, Deutsche Ortsnamenkunde, 1927, S. 58). Die gallische Stadt Vertus (Marne) resp. Virtudis, Hauptstadt des pagus Vertudensis, hängt mit Apollo Virotutis zusammen (Gröhler, Französ. Ortsnamen 182); in vielen Fällen lassen sich die theophoren Ortsnamen von den auf menschliche Personen zurückgehenden nicht trennen, da Götternamen häufig als Personennamen Verwendung finden (ebd. S. 163). Für das nichtgriechische Italien darf Mantua herangezogen werden, welches dem etruskischen Todes- und Unterweltsgott Mantus zugeordnet werden kann (vgl. W. Schulze a. a. O. 464 ff., 477 ff.).

Die theophoren Ortsnamen bilden einen verhältnismäßig geringen Teil der gesamten Ortsnamen, welche sich mit Solmsen-Fraenkel, „Indogermanische Eigennamen im Spiegel der Kulturgeschichte" (1922), in Bezeichnungen nach natürlichen Verhältnissen, z. B. *Κρῆναι*, *Θέρμαι*, *Ἄκρα*, *Κολοφών*, *Ἑλίκη*, *Κυπάρισσος*, nach Kulturverhältnissen, z. B. *Πόλις*, *Κώμη*, *Εἱρκτή*, *Στρᾶτος*, und in solche nach Personennamen gliedern lassen. Die letztgenannte Gruppe zerfällt in Bildungen nach Menschennamen, d. h. entweder nach Geschlechternamen, z. B. die attischen Demen *Βουτάδαι*, *Ἰωνίδαι* — diese gentilizische Bildungsweise ist typisch für Italien, wie W. Schulze in der erwähnten Abhandlung nachgewiesen hat (Typus: Tarquinii, Gabii, Pompei) —, oder adjektivische Ableitungen von Personennamen, z. B. *Ἀλεξάνδρεια*, *Κασσάνδρεια*, *Μιδάιον* und die pluralische Bildung *Φίλιπποι*, und in „heroophore" und theophore Ortsnamen.

Analog gliedern sich Fluß- und Bergnamen; neben allgemeinen Bezeichnungen wie *Ἀλφειός*, vgl. Elbe, Elf, Albule, Aube (Kretschmer Glotta XXIV 54), treten solche nach der speziellen Beschaffenheit des Flusses bzw. Berges selbst, sowie der umgebenden Natur auf, z. B. *βαδὺ ὕδωρ* „Süßwasser" in Elis, *Θειοῦς* „Schwefelbach" in Arkadien, *Ἑλικών*, *Μαραθών*, *Μαλοῦς*, *Σελινοῦς*, *Πυξοῦς* (Vorgebirge, Fluß und Stadt), *Αἰγὸς ποταμοί*, schließlich solche nach mythologischen Personen und Gottheiten.

Die bekannte Abneigung der Griechen gegen barbarische Namen (vgl. Curtius S. 159 f.) hat in zahlreichen Fällen zu hellenisierenden Deutungen und Umbildungen fremder Ortsnamen geführt, welche im Bunde mit dem antiken Prinzip, jede Ortschaft auf einen meist eponymen Heros oder Gott als *κτίστης* zurückzuführen, antike, sowie moderne Interpreten vielfach zu theophorer Deutung von Namen veranlaßten, wobei die formalen Gesetze der Ableitung oft nicht genügend beachtet wurden. So ist u. a. Vorsicht geboten gegenüber der Herleitung der Namen Hermos und Hermon von Hermes (Panofka, 1841, S. 81), Aptera von *ἁ Ἄρτεμις ἁ ἀπτέρα* (Kretschmer 419, Gruppe 743), Pallene von einem Heros (Eijkman 22) oder gar von der Göttin Pallas (so Wilamowitz I 236), Lete (St. B.) und Latos (Gruppe 744, Nilsson Gr. R. 445, Wilamowitz I 236) von Leto, Olbe von Zeus Olbios (erwogen von Gruppe 1109 Anm. 4), Terina von Aphrodite Tereine (Panofka 1840, 358, Gruppe 744, Eijkman 23) [1]).

1) Aus dem Schatz der zur Verfügung stehenden Kuriositäten seien angeführt: *Πάνορμος* „Panshafen", Pantikapaion nach Pan benannt, dazu verglichen

Vorgriechische Elemente und volksetymologische Anpassung sind in Rechnung zu stellen.

Gegenüber den beliebten Herleitungen aus Epiklesen ist im einzelnen Fall zu erwägen, ob nicht die Priorität des Ortsnamens gegenüber der sekundären lokalen Epiklese eine einleuchtendere Sachlage ergibt als die Annahme einer selbständigen Gottheit, speziell bei dem Suffix -ιος, -ία. Ableitungen von Epiklesen bestreitet grundsätzlich Wilamowitz II 334 Anm. 2 in einer Auseinandersetzung mit den von Usener und Kretschmer als theophor beurteilten Ortsnamen Ἐλευθεραί, Θῆβαι, Μελαιναί, die Usener 232 ff. auf Göttinnen namens Ἐλευθέρα, Θήβη, Μέλαιναι zurückführt, während Kretschmer den Ort Μελαιναί unmittelbar von Demeter Μέλαινα ableitet: ,,Aber das sind blutlose Wesen, aus den Stadtnamen gemacht. Göttinnen sind sie niemals. Ward etwa in Melainai Demeter Melaina verehrt, die angeführt wird, und heißt eine Stadt nach einer Epiklese?" Diese Frage wird nun doch in gewissen Grenzen bejaht werden dürfen, etwa für lokale Epikl sen wie Ὀλύμπιος, Πύθιος; nach Useners Ansicht handelt es sich übrigens gerade nicht um eine Epiklese als solche, sondern um aus der Epiklese zu erschließende ursprüngliche, selbständige Gottheiten.

Da wird allerdings zwischen der Sondergottheit und dem auf sie zurückgeführten Ortsnamen formale Gleichförmigkeit oder höchstens geringe Differenzierung durch Numerus und Akzent [1] vorausgesetzt,

---

Phanagoreia, bei Panofka 1841, 92, dem Grasberger 252 zustimmt. ,,Die Städte des Namens Magnesia bedeuten Mutterstadt, von der Göttin Μᾶ", Grasberger 254. Eijkman (1929) S. 64 ,, Ζηνοδότιον, stad in Mesopotamië, door Macedoniërs gesticht, naar Ζήν en adi. verbale δοτός, van stam δο-, geven" (statt von Ζηνόδοτος), ebenso ,,Διόκλεια, stad in Gr. Phrygië, van Zeus en κλέος" (statt von Διοκλῆς), und ,,Διοβούλιον von Zeus en βουλή". Μασσαλία leitet Gruppe 744 von einer Göttin Massalia ab, die nach BCH XVII (1893), 35 (Théodore Reinach) einen Priester in Phokaia hatte. Die Inschrift stammt aus dem Anfang des 2. Jahrhunderts n. Chr., die Göttin ist selbstverständlich erst die in der Mutterstadt verehrte Personifikation und Exponentin der mächtigen Kolonie (a. a. O. S. 37). Ligurische Herkunft des Namens kann angesichts des Fehlens von Anklängen aus dem ligurischen Sprachgebiet (Gröhler 59) und des kretischen Flusses Μασσαλίας (Ptol. 3, 15, 3 Μασσαλίου [v. l.] ποταμοῦ ἐκβολαί) nicht als gesichert gelten; Fick, VO 25, denkt an vorphokäische kretische Kolonisten. Anlehnung an das Griechische — etwa Μεσσαλία als die Stadt ,,mitten im Meere" — ist sekundär, wie die romanische Form Marsilia als solche an Mars.

1) Erhebung zum Eigennamen durch Ton- bzw. Akzentwechsel: Ἀκουμενὸς, Εὐγένης, Πολυκράτης, altindisch Kr̥ṣṇa-, russisch Tolstój, Dikój, Tschudnája.

ein formales Bildungsprinzip, welches für theophore Ortsnamen seinerseits erst der Beweisführung bedarf; selbstverständlich ist es nicht, der Rückschluß von Ortsnamen, die mit christlichen Heiligen gleichlauten, ist nicht zwingend. Bei den einzelnen von Usener und Kretschmer, Gruppe und Eijkman als theophor beurteilten Ortsnamen muß somit untersucht werden, zunächst, ob es sich überhaupt primär um einen Ortsnamen handelt, ferner, ob derselbe auf eine göttliche Persen oder nicht zwangloser auf natürliche Eigenschaften und Umweltverhältnisse zurückgeführt werden kann, und schließlich, ob die von Usener usw. angenommene Bildungsweise überhaupt ein durchgängiges formales Prinzip darstellt, wobei der griechische bzw. vorgriechische Ursprung des jeweiligen Namens zu beachten ist. Grundsätzlich ist aus der bereits angestellten Überlegung heraus, daß die theophoren Ortsnamen nur einen geringen Teil der gesamten ausmachen, der theophoren Interpretation diejenige auf Grund der natürlichen Umstände vorzuziehen, wo sie sich zwanglos ergibt. So liegt z. B. keine Veranlassung dazu vor, mit Gruppe 748 schlechthin jeden nach Pflanzen gebildeten Ortsnamen für sakral oder Namen wie Didymoi, Didymai mit Usener 234, Gruppe 743 für theophor zu halten. Panofka zerbin·et etwa den Namen der arkadischen Stadt Τριχόλωοι mit dem Symbol des Dreizacks, weil dort ein Tempel und Hain Poseidons bezeugt ist, statt ihn als „Dreihügel" (Fick, AO 23, 33) aufzufassen, und Θερμαί auf Sizilien mit Demeter Θερμασία an Stelle der natürlichen Deutung „warme Quellen, Bäder", vgl. Γέρμαι in Phrygien, Mysien, Lydien, Germi-zera in Dakien, Γερμανία zwischen Thrakien und Illyrien, ligurisch Bormio, keltisiert Bormito-magus Worms, aquae Bormonis = Bourbons (die warmen Quellen sind das prius gegenüber der (ligurisch-) keltischen Gottheit), idg. g"herm- (Kretschmer 231, Schnetz ZOF 11, 1935, S. 187).

Der Brauch, aus dem Ortsnamen den eponymen Gott bzw. Heros herauszuspinnen, erschwert die Sicherstellung derjenigen Fälle, in denen der Gott bzw. Heros mit Recht als primär gegenüber dem Ortsnamen, also wirklich als namengebend anzuerkennen ist. Den sichersten Anhaltspunkt gewährt die Wortbildung, doch ist auch da gelegentlich sekundäre Anpassung eines Ortsnamens an die Ableitung von einem Gott bzw. Heros festzustellen. Die im engeren Sinne theo-

---

Gerade dieser Akzentwechsel scheint mehr für unmittelbare Ableitung von gewöhnlichen Adjektiven (nicht Epikleseis) zu sprechen.

12

phoren Namen sind im allgemeinen mit größerer Sicherheit zu ermitteln als die „heroophoren", aus den angegebenen Gründen. „Heroophore" Ortsnamen verdanken ihre Entstehung weithin dem Epos, auf welches hier und da sogar der Kult selbst zurückgeht. Hier wird die Zahl der nicht zu entscheidenden Fälle höher sein als bei den im engeren Sinne theophoren Namen, auf die sich die vorliegende Arbeit beschränken wird. Sollten sich für theophore Namengebung einige sichere Gesichtspunkte und Grundzüge ergeben, so werden sich diese auch für die an Heroen und Dynasten anknüpfenden Ortsnamen fruchtbar machen lassen; ein von vornherein zu weit abgestecktes Beobachtungsfeld erschwert die Feststellung des wirklich Sicheren und Verbürgten. Herakles und Achilleus, welche in bestimmten Bereichen zu Göttern emporgestiegen sind und als solche starken Niederschlag in Ortsnamen gefunden haben, werden in die Betrachtung einbezogen.

Ortschaften mit theophorem Namen pflegen sich um ein entsprechendes Heiligtum zu entwickeln; im allgemeinen wird man bei der Bezeugung eines Ortsnamens als τόπος und χωρίον mit einer bewohnten Ortschaft rechnen dürfen, im einzelnen Fall ist es oft schwer zu entscheiden, zumal wenn archäologisches Material fehlt. Heiligtümer, für welche eine sie umgebende Ansiedlung nicht bezeugt oder nicht zu vermuten ist, werden nicht unter den Ortsnamen aufgeführt. Seen und Flüsse, Berge und Vorgebirge sind wie die Städte und Ortschaften ziemlich vollzählig bekannt, ihre Einbeziehung in die Erörterung rundet das Bild über die Verbreitung der Gottheiten in gerechter Weise ab. Anders Haine und Quellen, deren Namen nur sporadisch überliefert sind; sie werden nur beiläufig notiert. Hingegen sind die Namen von Phylen [1]) und Grundstücken [2]) als vollwertige und auf-

---

1) E. Szanto, Die griechischen Phylen, Sitzungsber. der Wiener Akad. Bd. 144, 1901, Nr. 5. Ausgewählte Abhandlungen, herausg. von Swoboda, 1906. II 10. Helmut Kasten, Fortschritte der griechischen Inschriftenforschung seit 1895, Bursians Jahresbericht für klass. Philol. 1934, III, S. 136/78. F. G. Kenyon, Phylae and Demes in Graeco-Roman Egypt, Archiv für Papyrusforschung Bd. 2, 1903, S. 70 ff. Die theophoren Phylen- und Demennamen werden unten aufgeführt, die jüngeren von Antinoupolis, als für die vorliegende Fragestellung peripher, nicht. Ägypten konnte nicht ganz beiseite gelassen werden, da sich gelegentlich Ortsnamen finden, die nicht auf der Identifikation mit altägyptischen Gottheiten zu beruhen scheinen.

2) W. Knackstedt, De praediorum et mansionum appellationibus Graecis, Diss. Marburg 1913.

schlußreiche Zeugnisse aufgeführt, da sie die im lokalen Kult wirksamen und lebendigen Gottheiten aufs beste belegen. Im einzelnen Fall ist der Wert auch dieser Zeugnisse im größeren Rahmen zu wägen: die acht theophoren Phylen in Magnesia am Mäander Διάς, Ἀπολλωνιάς, Ποσειδωνιάς, Ἡφαιστιάς, Ἀφροδιτιάς, Ἀρηΐς, Ἱστιάς und Ἑρμηΐς, neben denen es wahrscheinlich noch diese oder jene bis jetzt noch nicht bekannte gab, vereinigen den größeren Teil der Olympier, da wird die Namengebung schematisch erfolgt sein und gibt somit für den lebendigen Kult wenig aus. Für ihn sind etwa die Phylen der Ἡρακλεῖδαι, Ἰακινθεῖς, Ἐλειθυαιεῖς und Κλυμενεῖς auf Tenos, die Ὁπλοδμία, Ἐπαλέα, Ποσοιδαία, Ἐνναλία und Ϝαναϰισία in Mantinea und ähnliche Gruppierungen ergiebiger.

In den literarischen Quellen, auf Inschriften und Münzen weist derselbe Ort oft verschiedene Namensformen auf; meist entstammen die Belege verschiedenen Epochen. Dieselbe Stadt kann als Dia, Dias und Diospolis oder Athenai und Athenopolis zitiert werden, nicht selten beim gleichen Autor, wie Stephanos von Byzantion; gelegentlich bietet er Doubletten, das beruht auf seinen verschiedenen Vorlagen bzw. denen seiner Gewährsmänner.

Die von Strabon, Plinius, Stephanos u. a. angeführten Parallelnamen einer Stadt betreffen meistens den poetischen Sprachgebrauch [1]); vielfach handelt es sich aber auch um wirklich angewandte Parallelnamen, welche gelegentlich den älteren ganz verdrängt haben. Da entscheiden unter Umständen die Münzen, wenn auch nicht immer mit Sicherheit. Die überlieferten Namen sind manchmal reine mythologische Fiktionen, wie die Pollux 8, 109 aufgezählten altattischen Phylen aus der Zeit des Erichthonios, Διὰς Ἀθηναΐς Ποσειδωνιὰς Ἡφαιστιάς, die verschiedenen Inseln namens Dia (s. u. Zeus) oder, wie ich annehme, Athenai und Eleusis in Böotien (s. u. Athene). Die Berge und Orte namens Olympos, Ortygia, Nysa, Kyllene usw. sind, als nicht unmittelbar theophor, außer Acht gelassen worden; mythologische Spekulation hat an ihrer Verbreitung nicht geringeren Anteil als tatsächliche Kultwanderung, hinsichtlich des Olympos bleibt es in einzelnen Fällen ungewiß, ob der Name bereits in vorgriechischer

---

Hierher gehören auch die in den Rechtsurkunden der attischen πωληταί erwähnten Bergbaugelände, IG II 780/82 (4./3. Jahrhundert).

1) Z. B. Steph. Byz. Τρο(ι)ζήν, ἐκαλεῖτο δὲ Ἀφροδισιὰς καὶ Σαρωνία καὶ Ποσειδωνιὰς καὶ Ἀπολλωνιὰς καὶ Ἀτθανίς. Das meiste, wenn nicht alles, ist poetisch (s. u. Poseidon).

Zeit bestand oder erst von den Hellenen aus dem Mutterlande mitgebracht wurde. Inwiefern einzelne nach Tieren genannte Orte als theophor bezeichnet werden können, ist ebenfalls nicht in die Erörterung einbezogen; theriomorphe Gottesanschauung wird hier und da beteiligt sein und nachwirken, Bestimmtes läßt sich kaum aussagen.

In Fällen, wo die literarischen Quellen die Zeit der Gründung und Namengebung nicht ausdrücklich und in glaubwürdiger Weise mitteilen, vermögen Münzen und Inschriften einen terminus ante quem zu vermitteln; als unmittelbare Zeugen entscheiden sie über die echte Namensform in Fällen wie Ἠρ.Ϝαία und Λατώς. Literarkritische Fragen werden, wenn nötig, im einzelnen Fall erörtert; hinsichtlich der chronologischen Auswertung der Zitate ist z. B. bei Strabon an die ihm vorliegenden Autoren des zweiten und frühen ersten Jahrhunderte v. Chr. zu denken (in der Hauptsache Eratosthenes, Artemidor, Poseidonios), bei Diodor XI—XV und sonst stellenweise sogar an Ephoros im 4. Jahrhundert (zuletzt Jacoby, FGrHist II Einl. S. V). Ps.-Skylax ist in der zweiten Hälfte des 4. Jahrhunderts, vor Alexander, zu datieren, Ps.-Skymnos gegen 110 v. Chr.[1]). Bei den Historikern ergibt sich der Zeitpunkt, für den ein Ort bezeugt wird (meist ist er also älter), aus dem Zusammenhang; weniger günstig liegt es in den geographischen Handbüchern und Periploi, soweit dort nicht die Quelle, etwa Hekataios von Milet, direkt angegeben ist. Gelegentlich läßt sich aus modernen, aus der Antike noch nicht bezeugten theophoren Ortsnamen antiker Kult erschließen.

Der Anlaß zur theophoren Namengebung pflegt in dem Kult der betreffenden Gottheit zu liegen, dem die Gründer bzw. Besiedler huldigen. Wenn der Name griechisch ist, entsteht die Frage nach seinem vorgriechischen Vorgänger. Sehr häufig liegt Identifizierung einer vorgriechischen Gottheit mit einer analogen griechischen vor. Ein Gott oder Heros kann außer durch unmittelbaren lokalen Kult in seiner Eigenschaft als Patron des Gründers, als Archeget der Kolonisten oder einer Dynastie ortsnamengebende Wirkung ausüben. In hellenistischer Zeit werden makedonische und hellenische Ortsnamen schematisch auf makedonische Militärkolonien im Orient sowie seleukidische Neugründungen übertragen, vgl. App. Syr. 57, darunter Namen wie Δῖον, Ἡραία, Ἡράκλεια, Ποσείδιον, auch Ἀπολλωνία; solche

---

1) v. Arnim, Skylax, RE III A (1927), 640/44; Gisinger, Skymnos ebd. Sp. 674 f. (Datierung), 681/87 (Quellen).

Namen sind nicht als spezifisch religionsgeschichtliche Symptome zu werten.

So vermag der kritisch gesichtete Bestand an überlieferten theophoren Ortsnamen bedeutsame Fingerzeige für die Heimat und wichtige Spuren für die Ausbreitung der einzelnen Gottheiten zu vermitteln. Die Ausbeute wird bei den verschiedenen Gottheiten naturgemäß verschieden reich ausfallen, je nach der Menge, der Güte und dem Alter des überlieferten Materials, welches seinerseits wiederum durch die ortsnamengebende Kraft der einzelnen Gottheiten bedingt ist. Es gibt mächtige und hervorragend verehrte Götter, welche aus ihrem Wesen heraus gar nicht oder erst spät Städten ihren Namen aufprägen, wie Hermes, Pan und Dionysos. Überhaupt darf niemals ex silentio, aus dem Fehlen theophorer Ortsnamen in einem Bereiche, auf geringen oder gar fehlenden Kult des betreffenden Gottes überhaupt in dem betreffenden Bereiche geschlossen werden, wohl aber stellt umgekehrt der sicher bezeugte theophore Ortsname den positivsten Beleg für den Primat einer Gottheit in dem betreffenden Bereiche zur Zeit der Benennung der Stadt oder des Ortes dar.

Die Aussicht, in theophoren Ortsnamen unmittelbar in nennenswerter Weise vorgriechische bzw. vorindogermanische Schichten freizulegen, muß angesichts unserer Unkenntnis der Bedeutungen der weitaus meisten vorgriechischen Namensstämme und der daraus resultierenden Unmöglichkeit, vorgriechische theophore Ortsnamen als solche sicherzustellen (von geringen Fällen abgesehen), skeptisch beurteilt werden. Mittelbar ist sie insofern günstiger, als auch die griechisch gebildeten Ortsnamen als Spuren der Kultwanderung und Siedlungsgeschichte die Herkunft des in ihnen enthaltenen Gottes entweder aus indogermanischem oder aus vorindogermanischem Bereiche als näherliegender erweisen können.

Ζεύς.

Δῖον	Pierien, nördl. v. Olympos [1]	Thuk. 4, 78
Δῖον	Akte, am Athos	Her. 7, 22, St. B. Δία
Δῖον	Euböa, östl. v. Vorgeb. Κήναιον	Il. 2, 538, St. B. Δία
Διὸς Σωτῆρος λιμήν	Lakonien	Ptol. 3, 14, 22

[1] St. B. Δῖον τετάρτη Θεσσαλίας ist offensichtlich Doublette zu Δῖον am Olympos.

Δία Insel vor Knossos [1]) Od. 11, 325, Schol. Theokr. 2, 46, Str. 10, 484
Δῖον Vorgebirge Kreta Ptol. 3, 15, 5
Διὸς ἱερόν Stadt Ionien IG I 230, 233 u. ö., Thuk. 8, 19
Διὸς ἱερόν Stadt Lydien Plin. 5, 120, Ptol. 5, 2, 14; Διὸς πόλις St. B. 6
Διάς Phyle Magnesia a. M. Kern Magnesia 5. 10. 14 [2]).
Διὸς κώμη Phrygien, bei Sebastē Ramsay Cit. nr. 498, S. 608
Διὸς πόλις Phrygien, sp. Laodikeia Plin. 5, 105
Δειάς Phyle Dorylaion GGA CLIX 1897, 401, nr. 45, 6
Διὸς Ταυροῦ φυλή Ankyra BCH 7, 1883, S. 20
Δία Bithynien, westl. v. Herakleia Pontike
St. B.; Ptol. 5, 1, 3, Διὸς πόλις
Διὸς πόλις Pontus, vorher Κάβειρα Str. 12, 557
Δία taur. Chersones, b. Nymphaion Plin. 4, 86
Διὸς πηγή Stadt Assyrien [3]) Plin. 6, 18
Διὸς ἄκρα Vorg. Taprobane Ptol. 7, 4, 4
Δῖον Koilesyrien, zw. Hippos u. Pella
Plin. 5, 74, Jos. arch. 14, 75
Διὸς πόλις Palästina, früher Lydda It. Ant. 199, 3. St. B. 7, Hierokl.
718, 4
Διὸς πόλις Arabien St. B. (Βηρυτός in Arabien)
Δία Arabien Hierokl. 722, 4
Δία Insel arab. Meerbusen Str. 16, 777
Διόσπολις κάτω Nildelta Str. 17, 802, St. B.
Διόσπολις μικρά od. ἄνω Oberägypten Str. 17, 814, St. B.
Διόσπολις μεγάλη Theben, Per-Amun Str. 17, 805, St. B.
Διόσπολις Ägypten St. B.
Διόσπολις Ägypten St. B.
Διὸς (ὕδρευμα) Oase Oberägypten It. Ant. 172, 5
Διὸς ὄρος Libyen, beim Τρίτων ποταμός Ptol. 4, 3, 6

---

1) Schol. Theokr. 2, 46 Πολλαὶ δέ εἰσι νῆσοι Δῖαι καλούμεναι, ἥ τε πρὸ τῆς
Κρήτης, οὗ εἰκὸς συμβῆναι τὰ περὶ τὴν Ἀριάδνην, καὶ ἡ ὀνομασθεῖσα Νάξος καὶ ἡ
περὶ Μῆλον καὶ ἡ περὶ Ἀμοργὸν καὶ ἡ τῆς Κέω χερρόνησος καὶ ἡ τῆς Πελοποννήσου.
2) Daß die sehr spät bezeugte karische Stadt Δία (St. B., Georgios Synk.
603, Et. M. 389, 55 f. Εὔδωνος, ποταμὸς τῆς ποτὲ μὲν Δίας τε καὶ Ἐρύμνης καὶ
Λαρίσης, νῦν δὲ Τράλλεων καλουμένης τῆς Ἀσίας) f r ü h e r e r Name des alten
Tralles gewesen ist, ist schwer glaublich. Nach Sundwall 207 liegt in Δία, Διάς
in Lykien (St. B., CGC of Lycia 58) und Δῖον in Pisidien (St. B. 8) kleinas. *tija
zugrunde; die Beziehung auf Zeus wäre somit sekundär.
3) Plin. 5, 79 nennt zwischen Laodikeia und Herakleia an der Küste der
syrischen Kassiotis Dipolis, für welche die Variante Diospolis vorkommt.

In *Δῖον* erblickt Fick VO 104 einen „pelasgischen" Ortsnamen und betrachtet ihn eher zu Dionysos als zu Zeus gehörig (ebd. S. 144), auch die Insel *Δῖα* bei Kreta. Sekundäre griechische Interpretation oder gar Änderung vorgriechischer Ortsnamen ist gewiß in vielen Fällen zu konstatieren, bei *Δῖον* deutet nichts darauf. Der Name ist vom Stamm des Gottesnamens korrekt gebildet, die Endung läßt darauf schließen, daß ein Zeusheiligtum den Kern der Ansiedlung gebildet hat. In Dion in Pierien, welches Brasidas nach seinem Marsch durch Thessalien berührte, richtete Archelaos von Makedonien *σκη-νικοὺς ἀγῶνας Διὶ καὶ Μούσαις* ein, welche Alexander d. Gr. beging, Diod. 17, 16, 3. Dion am Athos ist spätestens für das 5. Jahrhundert bezeugt, Dion auf Euböa durch den Schiffskatalog spätestens für das sechste. Zu dessen Gebiet gehörte das Zeusheiligtum auf dem nordwestlichen Vorgebirge *Κήναιον* SKyl. 58, Soph. Trach. 752 ff.; der dort verehrte Zeus erhielt die Epiklesis *Κηναῖος*, Aisch. fr. 30 N *Κηναίον Διός*. In Lakonien nennt Ptolemaios einen *Διὸς Σωτῆρος λιμήν*; im übrigen beschränken sich in Hellas die von Zeus abgeleiteten Ortsnamen auf den ältesten Wirkungsbereich des nordisch-indogermanischen Himmels- und Wettergottes im nördlichen Griechenland.

Nach einem Heiligtum des Zeus *Κερδύλας* — Lykophron 1092 *χάριν τίνοντες Κερδύλα Λαρυνθίῳ*, Schol. *τὴν χάριν ἀποδιδόντες τῷ Διί · τὰ γὰρ δύο ἐπώνυμά ἐστι τοῦ Διός* — kann *Κερδύλιον* Anhöhe am Strymon gegb. Amphipolis Thuk. 5, 6, 3 u. ö. genannt sein.

In Böotien wurde Zeus unter dem Beinamen *῞Υπατος* auf dem Berge *῞Υπατος* bei Glisas verehrt, Paus. 9, 19, 3, vgl. Str. 9, 412, auch sonst häufig in Böotien, wie die Anzahl der Böoter, vornehmlich Thebaner, mit dem theophoren Personennamen *῞Υπατόδωρος* beweist, Sittig 13 f. Daraus wird schwerlich gefolgert werden dürfen, daß auch der Berg nach der Epiklese des Gottes bzw. nach dem Gott heißt (so Wilamowitz, Hermes 26, 1891, S. 222, Gruppe 745 Anm. 5 „nach Zeus Hypatos"), der umgekehrte Weg von der Bezeichnung des Berges zur Epiklese ist formal weniger schwierig und sachlich einleuchtender. Ebenso ist der Ort *῞Υπατον* auf Nisyros IG XII 3, 92, 2 offensichtlich nach seiner Höhe genannt, Kern I 43 Anm. 4 sieht zwischen ihm und der Örtschaft *Γιγάντεα* auf der gleichen Insel „unwillkürlich einen Zusammenhang"; das ist eine reizvolle Kombination, nur ist der Name *῞Υπατον* nicht als theophor zu erweisen. *῾Η ῾Υπάτα*, die Hauptstadt der Aenianen im südlichen Thessalien, verdankt ihren Namen ihrer hohen Lage am Nordabhang des Öta (Bursian I 89).

Nach Ζεὺς Ὀλύμπιος, dem Gott vom Olymp, heißen —
Ὀλυμπία Kultstätte Elis   Diod. 4, 53, 5
(Ὀλύμπιον τόπος ἐναίθριος ἐν Κορίνθῳ Theophr. de caus. pl. 5, 14, 2)
Ὀλύμπιον Stadt Phrygien   Ath. 1, 30 A.

Der letztgenannte Ort heißt nach dem Olympier eines der vielen Berge, auf welche die Griechen den Namen des thessalischen Olympos übertrugen, wahrscheinlich dem berühmtesten der kleinasiatischen Olympe, des Olymps in Mysien an der bithynischen Grenze.

Bei dem Ὀλυμπιεῖον, dem Heiligtum des Gottes von Olympia, in Syrakus nennt Thuk. 7, 4, 7 eine πολίχνη: ἐπὶ τῇ ἐν τῷ Ὀλυμπιείῳ πολίχνῃ, ohne daß von ihm oder jüngeren Autoren dieser Ort selber mit Ὀλυμπιεῖον bzw. Ὀλύμπιον bezeichnet würde. Einen τόπος ἐν Δήλῳ namens Ὀλυμπιεῖον nennt St. B., er ist nach ihm identisch mit der Gründung der Athener zu Ehren Hadrians, νέαι Ἀθῆναι Ἀδριαναί. Vorbild ist das athenische Ὀλυμπιεῖον. Die von St. B. aufgeführte Ὀλύμπη, πόλις Ἰλλυρίας, dürfte nicht auf die Epiklesis Ὀλύμπιος zurückgehen [1]).

Den Namen des vorgriechischen Berg- und Erntegottes Κρόνος [2]), der dem Olympier weichen mußte, tragen

Κρόνιον	πόλις Triphylien	Diod. 15, 77, 4
Κρόνιον	Hügel Olympia	Pind. 1, 114 u. ö.
Κρόνιον	Berg Lakonien	Ptol. 3, 14, 35
Κρόνιον	Ort Sizilien	Diod. 15, 16, 3, Polyaon. 5, 10, 5.
Κρόνου βουνός	Hügel b. Neukarthago	Polyb. 10, 10, 11.
Κρόνου ἀκρωτήριον	Rotes Meer, Ostküste, Ptol. 4, 7, 2.	

---

1) Eijkman 22 „Ὁμάριον, plaats (sc. „Ort") in Achaia naar tempel van Ὁμαγύριος, bijnam van Zeus (IG V 2 pag. XXIV 152)". Τὸ Ἀμάριον ist das alte achäische Bundesheiligtum im Gebiet von Helike. Von einem bewohnten Orte, der sich um dieses Heiligtum gebildet hätte, ist nichts bekannt. Polyb. 2, 39, 16 heißt es Διὸς Ὁμαρίου κοινὸν ἱερόν; 5, 93, 10 Ὁμάριον ist nach Fehrle, Roschers Lex. Zeus (1934), 597 f., volksetymologisch. Zeus Ὁμαγύριος von Aigion ist hiervon zu trennen (Jessen, RE VIII, 2143).

2) Max Pohlenz, N. Jahrb. 38 (1915), 549/94, RE XI 1982—2018, Kern I 41 f., dagegen Wilamowitz, Kronos und die Titanen, Sb. Berl. Ak. 1929, IV, der auf Grund seiner Kritik der Zeugnisse jeden vorgriechischen Kronoskult leugnet; es bleibt äußerst fraglich, ob mit Recht. In diesem Falle gingen die Ortsnamen lediglich auf den Vater des Kroniden zurück, der ohne primäre eigene Kraft und Wesenheit im Kult kaum eine so starke namengebende Wirkung entfaltet haben dürfte. Theophore Personennamen in Kleinasien, Sittig 19.

Auf Sizilien und überhaupt im Westen gab es viele Höhen namens
Κρόνιον Diod. 3, 61, 3 *ἀφ᾽ οὗ δὴ μέχρι τοῦ νῦν χρόνου κατά τε τὴν Σικε-*
λίαν καὶ τὰ πρὸς ἑσπέραν νεύοντα μέρη πολλοὺς τῶν ὑψηλῶν τόπων ἀπ᾽
ἐκείνου Κρόνια προσαγορεύεσθαι. Kronion in der zwischen Eleern und
Arkadern umstrittenen Landschaft Triphylien wird 364 von den Arkadern erobert (Diod.). Bei Kronion auf Sizilien wird Dionysios I.
383 von den Karthagern geschlagen (Diod.). Sicher liegt in Spanien,
vielleicht auch auf Sizilien Gleichsetzung einer karthagischen Gottheit mit Kronos vor, nach Pohlenz RE XI, 1993, 42 f. handelte es
sich nicht um den phönizischen El, sondern um Ba῾alchammân. Auf
Sizilien könnte auch ein einheimischer Gott der Sikaner bzw. der
Sikuler zugrunde liegen. Von Ägypten berichtet Macrob. Saturnal.
1, 7, 14 f., daß die Ptolemäer zusammen mit Sarapis den Saturn
(= Kronos) zwangsweise einführten.

In Tegea heißt nach *Ζεὺς Κλάριος*
Κραρεῶτις φυλή Tegea IG V 2, 41, 42 u. ö., Pans. 8, 53, 6 [1]) *Κλαρεῶτις.*

Auf dem Gebirge *Λύκαιον* im südwestlichen Arkadien wurde in
ältester Zeit der einheimische Pan verehrt, *ἔστι δὲ ἐν τῷ Λυκαίῳ Πα-*
νός τε ἱερὸν καὶ περὶ αὐτὸ ἄλσος δένδρων ἱππόδρομός τε καὶ πρὸ αὐτοῦ
στάδιον . τὸ δὲ ἀρχαῖον τῶν λυκαίων ἦγον τὸν ἀγῶνα ἐνταῦθα Paus. 8,
38, 5; Schol. Theokr. 1, 123 erwähnt das *μαντεῖον Πανός* auf dem
Lykaion. Eine Reihe von Sagen verknüpfen den Arkader Pan mit den
Eindringlingen Zeus und Apollon (Roschers Lex. 1350). Nach Paus.
8, 38, 2 wird der heilige Berg der Arkader nun auch *Ὄλυμπος* genannt,
während der Olympier zum *Λυκαῖος* wurde, Pind. Ol. 9, 96 *Ζηνὸς*
ἀμφὶ πανάγυριν Λυκαίου. Auf ihn geht zurück
Λυκαία Phyle Megalopolis IG V 2, 451 (3. Jahrhundert).

Zweifelhaft bleiben, nicht zum wenigsten wegen der Nebenform
Λυκόα, die beiden Orte *Λύκαια*, erstens Lykaia *ἡ πρὸς Λυκαίῳ* zwischen ᾽*Αλίφηρα* und *Θεισόα*, Paus. 8, 27, 4 f., *Λυκόα* Polyb. 16, 17, 7,
zweitens Lykaia südlich vom *Μαίναλος* bei *Δίπαια*, Paus. 8, 27, 3, *Λυ-*
κόα Paus. 8, 36, 7. Beide Orte werden von dem Synoikismos des Epaminondas erfaßt, ihre Bewohner siedeln in die neue Gründung Megalopolis über, die *Λυκαιᾶται* des ersten, westlichen Ortes leisten vergeb-
lichen Widerstand. Die *Λυκαιᾶται* bringen den Kult ihres Zeus Lykaios
in die Stadt mit, wo Paus. 8, 30, 2 *ἱερὸν Λυκαίου Διὸς* bezeugt. Die
Reihe der im Theater von Megalopolis noch lesbaren älteren Phylen

---

1) Fehrle, Roschers Lex. Zeus (1934), 635, 21, verbessere 8, 52, 6 in 8, 53, 6.

lautet Ἀρκαδισία, Ἀπολλωνία, Παναθαναία, Ἡρακλεία, Πανία, Λυκαία.

Daraus geht hervor, daß die Phyle Λυκαία theophor nach dem Heiligtum des Zeus Λυκαῖος benannt ist [1]), während die der jüngeren Phylenordnung zugehörige φυλὴ Λυκαειτῶν IG V 2, 452 III; 464 – – neben der φυλὴ Μαιναλίων und Παρρασίων; von den älteren theophoren blieben nur die φυλὴ Πανιατῶν und Ἀπολλωνιατῶν, die Liste IG V 2, 242 ist jedoch unvollständig — nach der westlichen Stadt Λύκαια heißt, vgl. Λυκοατᾶν φράτρα 446; die ehemaligen Bewohner der östlichen Stadt gehören natürlich zur Μαιναλίων φυλή [2]).

1) Auf Grund des Phylennamens wird auch bei den beiden Ortsnamen, falls sie nach einem Λυκαῖος gebildet sein sollten, eher auf Zeus als auf Pan, von dem die Epiklesis Λυκαῖος nicht überliefert ist, als namengebende Gottheit zu schließen sein.

2) An dieser Stelle sei Kretschmers theophore Interpretation der fünf kleinasiatischen Völkernamen Λυκάονες, Βαγαδάονες, Κατάονες, Ἰάονες und Μήονες angeführt. „Der Name der Lykier und andere kleinasiatische Völkernamen" (Sommer-Kahle, Kleinasiatische Forschungen, 1930, S. 1—17), Glotta XVIII (1930), S. 232 f. „Λυκάων ist der Priester des Zeus Lykaios, des Wolfgottes, Λυκάονες ist nur der Plural dieses Namens, mit dem der Λύκιοι, der Verehrer des Apollon Lykegenes, der auch Λύκιος oder Λύκειος heißt, im wesentlichen gleichbedeutend ist. Mir scheint die theophore Bedeutung hier unleugbar." Jede der eben zitierten Gleichungen enthält eine solche Fülle sprachlicher und religionsgeschichtlicher Probleme, daß ihre Lösung in dieser Arbeit, die nur die sicheren und einigermaßen sicheren theophoren Namen sammeln will, nicht in Angriff genommen werden kann. Die Verknüpfung der Λυκάονες mit dem als Wolfsgott interpretierten Ζεὺς Λυκαῖος erscheint jedenfalls als nicht minder problematisch als die mit den Λύκιοι.

Über die Βαγαδάονες und ihr Verhältnis zur arischen Bhagadā wird sich kaum soviel Sicheres ermitteln lassen, daß der Volksname als theophor registriert werden dürfte. Ebenso bleibt die Zuordnung der Ἰάονες zum Ἀπόλλων ἰήιος äußerst zweifelhaft; H. Jacobsohn, Zu den griechischen Ethnika, KZ 57, 1929, S. 76 ff., tritt für das Alter der Form Ἰάϝονες ein, vgl. ferner zur Kritik an Kretschmers Ableitungen ebd. S. 103/05.

Zu den Κατάονες bemerkt Kretschmer lediglich: „Bei Κατάονες läßt sich sicher nur sagen, daß Κατάων als Beiname des Apollon auf die religiöse Sphäre weist." Den Apollon Κατάων erwähnt nur Strab. 12, 537: (τὸ τῶν Καταόνων πεδίον und ἡ Μελιτηνή) ἔχει δὲ καὶ ἱερὸν τὸ τοῦ Κατάονος Ἀπόλλωνος καθ᾽ ὅλην τιμώμενον τὴν Καππαδοκίαν, ποιησαμένων ἀφιδρύματα ἀπ᾽ αὐτοῦ. Nichts scheint mir darauf hinzudeuten, daß es sich bei dem Namen Κατάων um mehr handelt als um eine simple, aus dem Volksnamen gewonnene eponyme Epiklese, geschweige denn um einen ursprünglich selbständigen Gottesnamen, der seinerseits erst den Volksnamen erzeugt hätte.

Die Ableitung der Μήονες von Μᾶ, Mutter, scheitert an der hethitischen Namensform dieses westkleinasiatischen Stammes, Māša, d. h. Māsa; sie werden unter den an der Schlacht von Kadeš teilnehmenden Völkerschaften aufgezählt,

In Methydrion in Arkadien hatte Ζεὺς Ὁπλόσμιος Kult, IG V 2, 344, 18; einen Priester des arkadischen Ὁπλοσμίου Διός erwähnt Aristoteles (de part. an. III, 673 a 17). In Mantinea erscheint Ὁπλοδμία Phyle Mantinea IG V 2, 271, 10 (4. Jahrhundert) neben einer Ἐπαλέα (ἐπ᾿ Ἀλέας, s. u. Athene), Ποσοιδαία, Ἐνναλία und Ϝαναϰισία.

Auf den IG III 2, 6 erscheinenden Ζεὺς Γελέων — ἱερεὺς Ἄρεως ϰαὶ Ἐνναλίου ϰαὶ Ἐννοῦς ϰαὶ Διὸς Γελέοντος ἱεροϰῆρυξ — wird die alte jonische Phyle der Γελέοντες zurückgeführt, so u. a. Maass GGA 1889, S. 806 ff., Busolt Gr. Gesch. II ² 103 Anm. 2. Näher liegt eponymer Charakter der spät bezeugten Epiklese (zuletzt erwogen von Fehrle, Roschers Lex. Zeus Sp. 615). Die Verknüpfung der Ὁπλῆτες mit dem eben erwähnten Zeus Ὁπλόσμιος, der in Elis und Kroton verehrten Hera Ὁπλοδμία und der Phyle Ὁπλοδμία in Mantinea (Maass GGA 1890, S. 353 Anm. 3) erscheint gewagt; vollends unerweisbar ist die Deutung der Αἰγιϰορεῖς als „Aigiskinder", Aigis als Kurzform für den Apaturiengott Dionysos Μελάναιγις aufgefaßt, und die Verbindung der Ἀργαδεῖς mit dem Gotte „Argos", dem „Lichten".

An der Nordküste von Mittelkreta lag ein Vorgebirge Δῖον westlich von Κύταιον ¹), vor der Insel Δία ἡ πρὸς Ἡραϰλείῳ τῷ Κνωσσίῳ (Str.); auf diese vor Kreta gelegene Insel beziehen die Scholien Od. 11, 325 die Verse der Nekyia über Ariadne, die Theseus von Kreta nach Athen führen wollte, Od. 11, 324 f. πάρος δὲ μιν Ἄρτεμις ἔϰτα Δίῃ ἐν ἀμφιρύτῃ Διονύσου μαρτυρίῃσιν. Nun führt auch Naxos den Namen Δία, nach Diod. IV 61, 5, V 51, 3 sogar früher als den bekannten Namen; Ap. Rhod. 4, 425. 434 ist unter Dia Naxos zu verstehen. Dia erscheint in Verbindung mit der Sage von Theseus und Ariadne, Bursian II 491 führt den Namen auf Dionysos zurück. Der Gebirgszug auf Naxos hat in seinem heutigen Namen Zia noch den alten Namen der Insel bewahrt (Roß, Inselreisen I, 43; revid. Ausg. S. 36); der Gebirgszug hieß im Altertum Δρίος Diod. 5, 51, 4.

außerdem erscheinen sie mehrere Male in den Keilschrifttexten von Boghazköi, Albrecht Götze, „Kleinasien zur Hethiterzeit" (1924), S. 23. Übrigens hält Ferdinand Sommer, „Die Aḫḫijavā-Urkunden" (Abh. Bayr. Ak. N. F. 6, 1932, S. 353 Anm. 3) gegen Meister (Homerische Kunstsprache 151 f.) an der Schreibung Μήονες (mit Jota) fest.

1) Plin. 4, 59 et in mediterraneo Gortyna ... Lyctus, Dium, Asium ist Priansium für Dium Asium zu lesen, Bursian II 564. Eine Stadt Dion im Inneren der Insel ist auch sonst nicht bezeugt. Dort gab es nur die Grotte auf dem Ida, wo das Zeuskind geboren wurde, und das Zeusgrab.

Ariadne, „die Hochheilige" (Kern I 233, 'Αριάγνη Wilamowitz I 409 ff. Beilage Ariadne) hat nur auf Naxos Kult, wo sie eng mit Dionysos verbunden ist.

Bürchner RE V 298 Dia 1, führt den Namen Dia für Naxos auf δῖος zurück, unter Ablehnung der Ableitung von Dionysos; für die etymologische Erklärung der Inseln Dia vor Kreta, Melos, Amorgos und dem Skyllaion (sowie vor Arabien) und der Landzunge von Keos verweist er auf ihre Lage bei anderen größeren Inseln oder dicht beim Festlande, „so daß es scheinen könnte, als seien sie abgerissene Stücke der größeren Nachbarn". Sundwall 207 weist die Inseln bei Amorgos und Melos dem kleinasiatischen Namensstamm ⁺tija zu.

Die richtige Erklärung ergibt sich aus dem Text Theokr. 2, 45 f., zu dem der Scholiast die Inseln anführt:

τόσσον ἔχοι λάθας, ὅσσόν ποκα Θησέα φαντί
ἐν Δίᾳ λασθῆμεν ἐυπλοκάμῳ 'Αριάδνας.

Melos, Keos und das Skyllaion liegen an der Route Kreta-Attika, Amorgos dicht bei Naxos — da ist es zu verstehen, daß die Mythologen (wohl eher als die dortigen Bewohner) kleine vorliegende Inseln als die berühmte, sagenumwobene Dia ausgegeben haben.

Für die Insel vor Kreta ist kein anderer Name überliefert, dort könnte Dia selbständig bestanden haben und dann von dieser sonst einflußlosen Insel sekundär durch die berühmtere und mächtigere Naxos usurpiert sein. Für die Priorität von Naxos spricht dagegen, daß die Feste, aus denen sich die Sage von Ariadnes Hochzeit und Tod entwickelt hat (Nilsson, Gr. Feste, 382 ff., Min.-myc. religion 451 ff.), gerade für Naxos bezeugt sind.

Διὸς ἱερόν, welches auf den attischen Tributlisten des 5. Jahrhunderts in der Form Διοσιρῖται sowie bei Thukydides erscheint, πολίχνιον 'Ιωνίας μεταξὺ Λεβέδου καὶ Κολοφῶνος (St. B.), ist der älteste nachweisbare theophore Stadtname mit der zweigliedrigen Bildungsweise, die gegenüber Δῖον als die jüngere anzusehen ist und in ihrem Namen deutlich zeigt, daß das Städtchen erst allmählich um das Heiligtum als Zentrum erwachsen ist. Das andere, erst später bezeugte Städtchen Dioshieron im Inneren Lydiens an der Südseite des Tmolos östlich von Hypaipa heißt in spätrömischer Zeit Χριστόπολις (Acta Concil. Constant. III pag. 500). Stephanos nennt nur das erste Dioshieron, das zweite nicht; ich vermute, daß er dieses mit der sonst nicht einzuordnenden Διόσπολις 6.) Λυδίας meint. Im südwestlichen Phrygien bei Sebaste lag eine Διὸς κώμη. Laodikeia am Lykos, von Antiochus II.

23

nach seiner Gattin Laodike benannt, soll nach Plin. 5, 105 früher Diospolis, dann Rhoas geheißen haben; Tscherikower (Die hellenistischen
Städtegründungen)31 hält an Stelle dieses Nacheinanders ein Nebenein-
ander der beiden Städte für möglich, so daß die Gründung von Laodikeia sich als Synoikismos alter phrygischer Siedlungen vollzogen hätte.

Der Name des karischen Gottes mit der Doppelaxt, $\varLambda άβραννδος$
stammt nach Plut. Quaest. gr. 45, 302 A — $καὶ \varLambda αβρανδέα τὸν θεὸν$
$προσηγόρευσε \cdot \varLambda υδοὶ γὰρ λάβρυν τὸν πέλεκυν ὀνομάζουσι$ — von dem
lydischen Wort $λάβρυς$,,$πέλεκυς$". Nach Kretschmer 304 f. heißt
$\varLambda άβραννδα$ [1]) $κώμη$ Karien Her. 5, 119, 2, Str. 14, 659, zwischen My-
lasa und Alinda gelegen, nach dem Namen des Gottes, der dort
seinen Kult hatte, $\varLambda άβραννδος$. Von Labraunda, dem Ortsnamen, ist
dann weiterhin $\varLambda αβρανδεύς$, $\varLambda αβρανδηνός$ als Epiklese des mit dem
Karer geglichenen Zeus abgeleitet. Daß umgekehrt der Gott seinen
Namen dem Ort verdankt — so Sundwall 131 $\varLambda άβραννδος$,,karische
Gottheit, wohl ursprünglich Ortsname", H. Güntert, Labyrinth,
Sitzungsber. Heidelberg 1932, S. 4 — ist weniger einleuchtend. Am
sichersten erscheint der Mittelweg: $\varLambda άβραννδος$ und $\varLambda άβραννδα$ gehen
beide auf $λάβρυς$ als gemeinsame Grundlage zurück, Gruppe 262 f.
Sittig 148. Da auch bei dieser Auffassung der im Ortsnamen wirk-
same Bestandteil $λάβρυς$ aller Wahrscheinlichkeit nach bereits die
Waffe des karischen Gottes meint, darf in diesem indirekten Sinn
der Ortsname $\varLambda άβραννδα$ als theophor oder jedenfalls sakral verzeichnet werden.

Nach dem in Karien verehrten $Ζεὺς Χρυσάωρ$, in dessen Epiklese
Kretschmer 305 eine (ungenaue) griechische Übersetzung des karischen $\varLambda άβραννδος$ sieht (vgl. Sittig 17), heißt

$Χρυσαορίς$ Name für Karien Paus. 5, 21, 10,

$Χρυσαορεῖς$ Name der gesamten Karer, Ditt. OGIS 234, 12 $τὸ Χρυ-$
$σαορέων ἔθνος$ u. ö.[2]); zweifelhaft ist

$Χρυσαορίς$ älterer Name von Stratonikeia (Karien), Paus. 5, 21, 10;
St. B.

Oppermann [2]) S. 10 bestreitet auf Grund seiner Kritik der An-

---

1) Die verschiedenen griechischen Wiedergaben des karischen Namens verzeichnet Kretschmer 303, Fehrle, Roschers Lex. Zeus 637, 53 ff. Über das nt-
Suffix Kretschmer, Glotta XIV 1925, 106, und A. v. Blumenthal, Idg. Forschungen 48, 1930, S. 50 ,,Ägäisches".

2) Oppermann, Zeus Panamaros, Rel. V. n. V. XIX, 1922, 3, S. 6—13. Vorher Joh. Schaefer, De Jove apud Cares culto Diss. Halle 1912.

gaben des Pausanias und Stephanos die Existenz des Namens Chrysaoris für die von Antiochos I. nach seiner Gattin Stratonike benannten Stadt, die vorher auch Idrias geheißen haben soll [1]), und läßt den Namen nur als Bezeichnung ganz Kariens gelten; die Karer haben sich zum σύστημα τῶν Χρυσαορέων zusammengeschlossen Str. 14, 660, dessen sakralen Mittelpunkt das Heiligtum des Zeus Chrysaoreus bei Stratonikeia bildete; den Namen Χρυσαορεῖς haben die Karer, wie Oppermann S. 9 ausführt, bevorzugt, weil sich der Karername selber in der griechischen Welt bekanntlich keines besonders vorteilhaften Rufes erfreute. So nennen sich denn die Karer auf den Inschriften meistens, seit dem 2. Jahrhundert v. Chr. stets Χρυσαορεῖς. Nach Oppermann hätte nun Pausanias an Hand der ihm vorliegenden Olympionikenliste aus einer Angabe etwa des Wortlautes Ἀριστέας Στρατονικεὺς ἐκ Χρυσαορέων oder Χρυσαορεὺς ἀπὸ Στρατονικείας den Stadtnamen Χρυσαορίς herausgesponnen, während in Wahrheit auch hier unter Χρυσαορεῖς die Karer in ihrer Gesamtheit zu verstehen seien.

F ü r die Annahme der Existenz eines Stadtnamens Χρυσαορίς spricht die Epiklesis Χρυσαορεύς; denn ob diese sich erst aus Χρυσαορίς als Namen für ganz Karien entwickelt hat, wie nach Oppermanns Ausmerzung des Stadtnamens gefolgert werden müßte, ist doch recht fraglich. Vielmehr trägt die von Kretschmer 305 aufgestellte Entwicklungsreihe Χρυσάωρ — Χρυσαορίς — Ζεὺς Χρυσαορεύς oder Χρυσαόριος, Χρυσαορεῖος einen hohen Grad der Wahrscheinlichkeit in sich. Dann hätte Zeus Labraundos = Chrysaor zunächst den Ortsnamen Χρυσαορίς erwirkt, hier hätte er, wie in Labrauda als Labraundeus, als Chrysaoreus Kult gehabt, um welchen sich schließlich das im σύστημα τῶν Χρυσαορέων Gestalt gewinnende karische Stammesbewußtsein kristallisiert hätte, was dann zum Ersatz des Karernamens durch Χρυσαορεῖς und somit zur Bezeichnung ganz Kariens als Χρυσαορίς führte [2]). Selbst wenn die Ansetzung der Stadt Chrysaoris auf einem Mißverständnis beruhen sollte, zum Ex-

1) Diese Gleichung kompliziert das Problem; Idrias sollen auch andere Städte geheißen haben; nach Her. 5, 118 war Idrias eine Landschaft in Karien. Daraus folgert Oppermann, daß Idrias wie Chrysaoris lediglich Synonym für Karien ist, wenigstens in späterer Zeit.

2) Fast möchte ich sagen, wenn die Stadt Chrysaoris nicht bezeugt wäre oder tatsächlich nicht ist, müßte man sie postulieren.

ponenten seines Stammes innerhalb der spätgriechischen Welt ist der karische Χρυσάωρ zweifellos emporgestiegen [1]).

Das gleiche Problem des Verhältnisses des Ortsnamens zum Gottesnamen wie bei Labraundos kehrt bei dem in Πανάμαρα verehrten Ζεὺς Πανάμαρος wieder, nur der zugrunde liegende kleinasiatische Stamm ist nicht bekannt, wie λάβρυς. Kretschmer hält den Ortsnamen für theophor, während Oppermann (S. 85) mehr zu der anderen Auffassung neigt, Πανάμαρος sei der ,,in Panamara verehrte" Zeus.

Den Stadtnamen Ὀλβία führt Kretschmer 420 auf Ζεὺς Ὄλβιος zurück, während noch Grasberger 276 die Namen Ὄλβα, Ὀλβία, Ὀλβιόπολις für ominis causa gewählt hielt, ,,Glückstadt, Glücksburg", allerdings anscheinend ohne Kenntnis der Epiklese.

Es kommen in Frage

Ὀλβία Mündung des Borysthenes	Skymn. 806/12.
Ὀλβία Südgallien	Skymn. 215 f., St. 4, 180.
Ὀλβία Sardinien, Nordostküste	Paus. 10, 17, 5.
Ὀλβιανὸς λιμήν	Ptol. 3, 3, 4.
Ὀλβία Bithynien, Golf von Astakos	Skyl. 93, St. B. (Νικομήδεια).
Ὀλβιανὸς κόλπος	Skyl. 93.

Ὀλβία am Borysthenes ist in der zweiten Hälfte des 7. Jahrhunderts von Milesiern gegründet [2]). Aus der Bezeichnung Ὀλβιοπολῖται (Her. 4, 18) entwickelte sich die Namensform Olbiopolis, Plin. 4, 82. Ebenfalls jonisch ist Olbia in Südgallien, Olbia liegt in der Reihe der massalischen Kolonien zwischen Antipolis und Tauroeis. Der Name von Olbia auf Sardinien weist auf massalische Gründung (Ed. Meyer III 376, S. 673).

Olbia in Bithynien scheint mit Astakos eng zusammenzugehören oder gar identisch zu sein. Nach Stephanos (Νικομήδεια) ist Olbia ein Name von Nikomedia; Nikomedia ist Nachfolgerin des megarischen Astakos, Paus. 5, 12, 7. Ps.-Skylax nennt vor Kallipolis und Kios Olbia und den Meerbusen von Olbia, Astakos und der Golf von

---

1) Wie mich Herr Professor Dr. E. Sittig belehrt, gibt es heute auf Cypern ein Kloster namens Ἁγία Χρυσωροϊάτισσα, gegründet 1159. Hier war einst ein Heiligtum der Hera; der Namenszusammenhang bleibt zweifelhaft wegen der Wortbildung.

2) Vgl. Beloch I 2, 234, Meyer II 290, S. 451 (frühestens um das Ende des 7. Jahrhunderts). Skymn. a. a. O. Κατὰ τὴν Μηδικὴν ἐπαρχίαν; Euseb. chron. II 87: Ol. 33, 4 = 646/5.

Astakos fehlen. Ptol. 5, 1, 2 verzeichnet Nikomedia, Astakos und Olbia nacheinander, doch gehört nur Nikomedia dem alten Text (C. Müller z. St.). Astakos soll von dem Poseidonssohn Astakos und der Nymphe Olbia gegründet sein, St. B. Es ist vermutet worden, daß der Name Olbia von der Wiederherstellung von Astakos durch die Athener herrührt (C. Müller). Tscherikower 46 denkt an zwei selbständige griechische Kolonien, aus deren Synoikismos Nikomedia entstanden ist.

Bei den drei letzten Olbia ist eine Beziehung zu Zeus Ὄβιος nicht erreichbar; in Olbia am Borysthenes wird Zeus Ὄλβιος erst auf einer aus der Regierungszeit des Kaisers Septimius Severus stammenden Inschrift Lat. I 24 erwähnt, Z. 17 f. ἱερεὺς δὲ γενόμενος τοῦ προεστῶτος τῆς πόλεως ἡμῶν Διὸς Ὀλβίου. Es ist nicht ausgeschlossen, daß diese Epiklese auf den Stadtnamen zurückgeht, wie in Olbe in Kilikien, Quilling, Minotaurus [1]) S. 21, wo Heberdey und Wilhelm den Tempel des Zeus Olbios mit einer dazu gehörigen Inschrift entdeckt haben (Heb.-Wilh. S. 85 Nr. 166, 2./1. Jahrhundert v. Chr.). Eine weitere Inschrift aus Olbe ist seitdem hinzugetreten, die den Zeus Olbios nennt (Keil-Wilh. 1931, nr. 68). Für Olbia [2]) in Pamphylien ist Zeus Ὄλβιος ebenfalls inschriftlich belegt (IHS 12, 1891, 226, 1); auch hier wird die Epiklese lokaler Natur sein. Sekundäre Vermengung mit einem griechischen Zeus Ὄλβιος ist möglich [3]).

1) Dr. F. Quilling, „Minotauros. Der Veredarierstein im Saalburg-Museum", Leipzig 1919. Die Kenntnis dieser abgelegenen Abhandlung verdanke ich, wie manche anderen Literaturhinweise und Ratschläge, Herrn Professor Dr. Herter, Tübingen. Die in der genannten Abhandlung erschlossenen bzw. vermuteten Beziehungen des Zeus Olbios zum kretischen stiergestalteten Gott dürfen in dem vorliegenden Zusammenhang unberücksichtigt bleiben.

2) Ὀλβία in Pamphylien Skyl. 100, Str. 14, 666 f. und Ὀλβία in Kilikien (St. B. Σελεύκεια, πόλις ἐπὶ Κιλικίᾳ τραχείᾳ λεγομένῃ. πρότερον δὲ Ὀλβία ἐκαλεῖτο καὶ Ὑρία) heißen nicht nach einer Epiklese des Zeus; sie sind von Ὄλβη und Ὄλβασα in Kilikien, Ὄλβα und Ὄλβασα in Pamphylien und Ὄλβασα in Kappadokien nicht zu trennen, denen eine kleinasiatische namenbildende Wurzel zugrunde liegt, Sundwall 288.

St. B. Ὀλβία ἑβδόμη Ἰλλυρίας hängt wahrscheinlich mit den Plin. 3, 139 genannten Olbonenses (v. l. Albonenses) zusammen, bleibt also ungewiß wie auch Ὀλβία in Mesopotamien, St. B. Χαζήνη. Merkwürdigerweise hat Quilling Ὀλβία in Illyrien gar nicht gestreift, obgleich er gerade den illyrischen Veredariern den Kult des chthonischen Stiergottes Zeus Olbios zuschreibt, S. 30 f.

St. B. Ὀλβία πέμπτη Ἰβηρίας ist wohl gleich Ὀλίβα Ptol. 2, 6, 54 (vgl. Pape).

3) Das Alter der später in Kleinasien und auf dem thrakischen Chersones (s. u.) bezeugten Epiklese ist unbestimmt. Wenn die Ionier in der Koloni-

Ὄλβιος erscheint als Attribut, nicht eigentlich als Epiklesis, zu Beginn des ersten Stasimon in den Hiketiden des Aischylos V. 524 ff..

ἄναξ ἀνάκτων, μακάρων
μακάρτατε καὶ τελέων τε-
λειότατον κράτος ὄλβιε Ζεῦ.

Als Epiklesis ist ὄλβιος nicht alt. Außer den bisher genannten Belegen, in denen sie lokaler Herkunft sein könnte, und auf Grund derer die Ableitung der betreffenden Stadtnamen von einer Epiklesis Ὄλβιος, die zu Κτήσιος, Παγκτήσιος, Πλουτοδότης, Πλούσιος zu stellen wäre, nicht erwiesen werden kann, ist die Stele aus Panderma in Mysien mit Inschrift und Darstellung des Zeus Olbios (BCH 32, 1908, 521; Quilling 24 ff.), ferner eine Inschrift vom thrakischen Chersones CIG 2017 und zwei dem Zeus Olbios geweihte Votivsteine aus Sestos sowie eine römische Weihung an Juppiter Olbios zu nennen (zit. Quilling S. 23). Ob mit Quilling Olbia am Hellespont als Parallelname von Sestos anzusehen ist, läßt sich kaum entscheiden; im übrigen ist festzustellen, daß eine Verbindungslinie von diesen Belegen zu den alten ionischen Kolonien nicht gezogen werden kann. Ob die Ionier etwas des 7. Jahrhunderts bereits einen Zeus Ὄλβιος verehrten, ist nicht zu erweisen, erst recht nicht, ob sie ihre Kolonien nach ihm nannten.

Damit kommen wir zu der von Grasberger vorgeschlagenen Deutung eines Namens „ominis causa“ zurück: am zwanglosesten läßt sich der in der ionischen Kolonisation mehrere Male erscheinende Name Ὀλβία in eine Reihe mit dem Namen einer anderen, sehr alten massaliotischen Kolonie stellen: Ἀγάθη in Südgallien, vgl. Gröhler a. a. O. 69 („das gute Glück“).

Κάβειρα in Pontus, wo Mithridates residierte (Str. 12, 556) und seine Schätze aufbewahrt waren, wurde von Pompejus in Διόσπολις

---

sationsperiode bereits Zeus Olbios verehrten, wäre eine Vermittlung nach Kilikien etwa durch die Samier von Nagidos und Kelenderis nicht allzuweit westlich der Mündung des Kalykadnos (nördlich von ihr liegt Olba) — Celenderis et Nagidos Samiorum coloniae Mela I 77 — anzunehmen. Nur sind die südkleinasiatischen Städtenamen älter, wofür auch die Tradition zeugt, z. B. Str. 14, 672 Ὄλβη, πόλις Διὸς ἔχουσα ἱερὸν, Αἴαντος ἴδρυμα τοῦ Τεύκρου· καὶ ὁ ἱερεὺς δυνάστης ἐγίνετο τῆς Τραχειώτιδος. Die erste der beiden Inschriften aus Olbe beginnt Ἀρχιερεὺς μέγας Τεύκρος (!) Ζηνοφάνους τοῦ Τεύκρου, die zweite lautet: Ὀλβέων ὁ δῆμος καὶ Κανναται Ζηνοφάνην Τεύκρου τοῦ Ζηνοφάνους ἀρχιερέα μέγαν Διὸς Ὀλβίου ἀρετῆς ἕνεκεν καὶ εὐνοίας ἧς ἔχων εἰς αὐτοὺς διατελεῖ.

28

umgenannt, dann von der Königin *Πυθοδωρίς* um Christi Geburt in *Σεβαστή* — eine charakteristische Entwicklung [1]).

Bei Marion-Arsinoe auf Kypros bezeugt Strabon 14, 683 τὸ Διὸς ἄλσος. In Koilesyrien heißt eine makedonische Gründung *Δῖον*; die neutrale Endung ist in hellenistischer Zeit nicht üblich, sie weist auf die makedonischen Vorbilder, wie etwa *Πέλλα* im gleichen Bereich. Des Stephanos Notiz κτίσμα ᾿Αλεξάνδρου dürfte kaum zutreffen, Tscherikower 76.

Diospege (v. l. Diospage) in Assyrien neben Polytelia, Stratonice, Anthemus von Plinius angeführt, erweist sich durch die Nachbarstädte als hellenistische Gründung. Eine Identifikation hat vermutlich mitgewirkt, wie etwa in Ägypten die von Ammon und Zeus; *Διόσπολις μεγάλη*, die ägyptische *Θῆβαι*, entspricht äg. Per-amun „Haus des Amun", Nahum 3, 8 אמן אל (Forbiger II 790).

Ἥρα.

᾿ΗϝϜαία	Arkadien	Inschr. v. Olympia 9.
Ὕβλα ῾Ηραία	Sizilien	St. B.
῾Ηραία	Bithynien, Golf v. Astakos	St. B. (*Μεγαρικόν*).
Ἥραιον	Thrakien, bei Perinth	Her. 4, 90; Dem. 3, 4 ῾Ηραῖον τεῖχος.
῾Ηραία	Syrien	App. Syr. 57.
Ἥραιον	Ort Sardinien, im Inneren	Ptol. 3, 3, 7.
Iunonia ῾Ηραία	Neugründung Karthagos	Plut. C. Gracch. 11.
῾Ηραέες	Phratrie Argos	BCH 33, 184.

1) Als durchaus unsicher in Voraussetzung und Folgerung referiere ich die von Kretschmer in dem Aufsatze „Die protindogermanische Schicht", Glotta XIV (1925), S. 304, ausgesprochene Vermutung, der nach seiner Annahme in *Τινδαρίδαι* (bzw. *Τενδάρεως*) als Synonym von *Διόσκουροι* enthaltene „protindogermanische" Bestandteil Tin-, *Τεν-* = Zeus, etrusk. tinia, finde sich wieder in *Τάονιον* Tavium (*Ταυ-*) St. Galatien (Kappod.) Str. 13, 567, Plin. 5, 146, *Τίειον* (Τιυ-) St. Bithynien, am Pontus Skyl. 90, Str. 12, 542 f. Tios Mel. 1, 104. In Tavium war ὁ τοῦ Διὸς κολοσσὸς χαλκοῦς καὶ τέμενος αὐτοῦ ἄσυλον (Str.). *Τίειον* ist milesische Kolonie (Mel.), nach Strabon ein wenig bemerkenswertes Städtchen; Stephanos überliefert eine antike Etymologie des Stadtnamens, auf welche Kretschmer sich beruft: Δημοσθένης δ᾿ ἐν Βιθυνιακοῖς φησι κτίστην τῆς πόλεως γενέσθαι Πάταρον ἑλόντα Παφλαγονίαν, καὶ ἐκ τοῦ τιμᾶν τὸν Δία Τίον προσαγορεῦσαι.

῞Ηραιον	Anhöhe Epidauros	Thuk. 5, 75.
῞Ηραιον	Vorg. gegb. Sikyon	Her. 5, 92 η 3.
῾Ηραεῖς	alter Teil der Megaris	Plut. qu. gr. 17.
῞Ηρας λειμών	Kithairon	Eur. Phoen. 24.
῞Ηραια (sc. ἄκρα)	Vorg. b. Chalkedon	St. B.
῾Ηραῖτης ὅρμος	Reede Samos	Ath. 15, 672 b (Menodot von Perinth FrHG III 103).
῾Ηραΐς	Gegend Kreta, Kydonia	IG IX 1, 963 add. (pag. 212).
῾Ηραΐς	Phyle Eumeneia, Phyrgien	BCH 17, 241. 245.
῾Ηραία ὄρη	Gebirgszug Sizilien	Diod. 4, 84, 1.
plaga Heraeum	Küstenstrich Sizilien, Südosten	It. Ant. 96, 2.
῞Ηρας ἱερόν	Küstenpunkt Malta	Ptol. 4, 3, 13.
῞Ηρας λοῦτρα	Insel vor Sardinien	Plin. 3, 85.
Iunonis promunturium	Kap Trafalgar	Mel. 2, 9.
῞Ηρας ἡ κατ᾿ Αὐτολάλας νῆσος Madeira		Ptol. 4, 6, 14.

Iunonia ῞Ηρας νῆσος eine der Fortunatae insulae (kanar. Inseln) Plin. 6, 204. Ptol. 4, 6, 14 [1]).

Nach Hera heißen in ihrer Heimat Argolis eine Phratrie in Argos und eine nach einem Tempel benannte Anhöhe bei Epidauros. Im westlichen Arkadien hat die Argiverin einer älteren Ansiedlung namens Σολογοργός (St. B. ῾Ηραία) ihren Namen aufgeprägt; die alte Namensform der „Schützerin" ist auf dem Vertrag zwischen den Eleern und Heräern (6./5. Jahrhundert, a. a. O.) erhalten: τοῖς ᾿Ερϝαόιοις [2]). Auf dem Vorgebirge Heraion der nach Westen in den korinthischen Golf vorspringenden Halbinsel der Megaris wurde ῞Ηρα ἀκραία verehrt, Liv. 32, 23, 10; Str. 8, 380 ἐν δὲ τῷ μεταξὺ τοῦ Λεχαίου καὶ Παγῶν τὸ τῆς ᾿Ακραίας μαντεῖον ῞Ηρας ὑπῆρχε τὸ παλαιόν. Der Gegend bei diesem Vorgebirge ist der alte megarische Gau der ῾Ηραεῖς zuzuweisen, Plut. a. a. O. τὸ παλαιὸν ἡ Μεγαρὶς ᾠκεῖτο κατὰ κώμας, εἰς πέντε μέρη νενεμημένων τῶν πολιτῶν · ἐκαλοῦντο δὲ ῾Ηραεῖς καὶ Πειραιεῖς καὶ Μεγαρεῖς καὶ Κυνοσουρεῖς καὶ Τριποδισκαῖοι, vgl. Bursian I 372.

---

1) Iunonia minor Plin. 6, 204 entspricht der ᾿Απρόσιτος νῆσος bei Ptol. 4, 6, 14, C. Müller z. St.

2) ῞Ηρϝα, Femininum zu ἥρως, gehört zu idg. „ser(v)"- „schützen", lat. servare, heißt also „die Schützerin", so zuerst Fick, Die griechischen Personennamen, 1894, S. 361, vgl. Franz Stürmer, Glotta XIII (1924), S. 219, Walde-Pokorny II (1927), 498.

Megarische Kolonisten begründeten Astakos, Heraia und Megarike (Plin. 5, 148) in Bithynien, St. B. *Μεγαρικόν:* '*Αρριανὸς πέμπτῳ* '*Αστακός τε καὶ* '*Ηραία καὶ τὸ Μεγαρικόν.* Ein Vorgebirge gegenüber der megarischen Kolonie Chalkedon wurde "*Ηραια (ἄκρα)* genannt, offenbar unter Umdeutung und Anpassung einer ähnlich lautenden älteren Namensform, Stephanos nennt '*Ηερία* und "*Ηριον* als Formen des Namens; *ἠρίον* soll nach dem Etymologicum Magnum „Grab" bedeuten, *ἠρίον· ὁ τάφος* [1]).

Den Namen "*Υβλα* tragen drei Städte des südöstlichen Siziliens (Steph. Byz.) [2]): "*Υβλα ἡ μείζων,* wo die megarischen Kolonisten *Μέγαρα* begründeten Skymn. 277; Str. 6, 267 *τοὺς δὲ Δωριέας Μέγαρα τὴν* "*Υβλαν πρότερον καλουμένην*; zur Unterscheidung von den hellenischen Megarern hießen die sizilischen *Μεγαρεῖς* '*Υβλαῖοι* Thuk. 6, 4, 1. Ferner "*Υβλα ἡ ἐλάττων,* die auch '*Ηραία* heißt, und "*Υβλα Γελεᾶτις* Thuk. 6, 62, 5 bzw. *Γερεᾶτις* Pana 5, 23, 6. Einen Fluß "*Υβλαιος* erwähnt Diodor 22, 2, 1; schließlich soll nach Stephanos eine Stadt in Italien "*Υβλα* geheißen haben. In "*Υβλα Γερεᾶτις,* einer *κώμη Καταναίων* am Südabhang des Ätna hatte eine alte Göttin der Sikuler reichen Kult; Pausanias nennt sie '*Υβλαία,* „die von Hybla", deren ursprünglicher Name sowie dessen Verhältnis zu den Ortsnamen nicht erreichbar sind. In "*Υβλα* '*Ηραία* liegt offenbar eine Identifikation der einheimischen Göttin mit Hera vor. Diesen Stadtnamen möchte ich samt der Benennung der — nicht mit Sicherheit zu fixierenden (Ziegler, RE VIII 418) — '*Ηραῖα ὄρη* und des Küstenstrichs von Heraeum am ehesten den sizilischen *Μεγαρεῖς* '*Υβλαῖοι* zuschreiben, in deren Kolonie Selinus Hera Kult hatte, IG XIV 271 ('*Αρκεσω . . . Αἰσχύλου* "*Ηρα εὐχάν . . .*); immerhin könnte auch Einwirkung von der korinthischen Kolonie Syrakus und ihren Tochterstädten vorliegen, etwa von Akrai.

Von der Argolis aus ist Hera nach Samos gelangt; ihr ist der '*Ηραϊτης ὅρμος* geweiht, ferner

Παρθένιος Fluß Samos = "*Ιμβρασος* Kallim. fr. 213, Str. 10, 457.

Nach Kallimachos und Strabon soll der Imbrasos vorher *Παρθένιος* geheißen haben, Kallim. (aus Schol. Ap. Rhod. 2, 868) [3])

---

1) Schol. Aischines 2, 90, *τὸ* '*Ιερὸν ὄρος . γράφεται τὸ* '*Ηραῖον ὄρος. ἔστι δὲ κατὰ στόμα Πόντου ἐμπόριον.* Es heißt sonst stets '*Ιερόν . . .*
2) Vgl. Schubring, Rh. Mus. 28, 108 ff.; Ziegler, RE IX 25/9, RE XV, 205/15.
3) Die gleiche Angabe bezieht der Scholiast zu Pind. Ol. 6, 149 b irrtümlich auf Euböa, vgl. Bursian II 423.

Ἀντὶ γὰρ ἐκλήθης, Ἴμβρασε, Παρθενίου.
ebenso Samos Παρθενία, Kallim. hymn. 4, 49

Παρθενίης, οὔπω γὰρ ἔην Σάμος, vgl. Ap. Rhod. 1, 188.
In Wirklichkeit ist der karische Name Imbrasos der ältere (s. u.
Hermes) und von den Argivern nach ihrer Hera Παρθένος umbenannt, „διὰ τὸ ἐκεῖ παρθένον οὖσαν τετράφθαι Ἥραν" Schol. Ap. Rhod.
1, 187.

Die Hera von Samos lebt in der samischen Kolonie Ἥραιον zwischen den ebenfalls samischen Perinthos und Bisanthe, Her. 4, 90
ἐξ Ἡραίου τε πόλιος τῆς παρὰ Περίνθῳ. Der vollständige Name lautet
Ἡραῖον τεῖχος, so Demosthenes im Ὀλυνθιακός Γ, 4; Et. M. Ἡραῖον
τεῖχος, χωρίον ἐν Θρᾴκῃ, ὑπὸ Σαμίων δὲ ᾠκίσθη.

Ἡραῖς heißt eine Gegend bei Kydonia auf Kreta, wo einem Proxenos ein Grundstück und Haus zugewiesen wird, IG IX 1, 693,
16 ff.[1]).

Ἀρχαγόρᾳ Δελφῷ οἰκίαν ἐν τᾷ Ἡραῖδι, ψιλᾶς πλέθρα ἓξ ποὶ τᾷ Κωμικοῦ, ἀνπέλων τετραπλεθρίαν ἐν τῷ πεδίῳ.

Für Kydonia ist eine samische Besiedlung aus dem 6. Jahrhundert bezeugt, Her. 3, 44, 1 ἐπικαλεσαμένων τῶν μετὰ ταῦτα Κυδωνίην
τὴν ἐν Κρήτῃ κτισάντων Σαμίων, ebd. 59, 1 αὐτοὶ δὲ (sc. οἱ Σάμιοι)
Κυδωνίην τὴν ἐν Κρήτῃ ἔκτισαν, auf welche ich ohne Bedenken den
Namen der Ἡραῖς zurückführen möchte.

Ἡραία in Syrien wird von Appian Συριακή 57 unter den von
Seleukos Nikator schematisch auf seine Neugründungen übertragenen griechischen und makedonischen Städtenamen aufgeführt, τὰς
δὲ ἄλλας ἐκ τῆς Ἑλλάδος ἢ Μακεδονίας ὠνόμαζεν . . . ὅθεν ἔστιν ἐν τῇ
Συρίᾳ καὶ τοῖς ὑπὲρ αὐτὴν βαρβάροις πολλὰ μὲν Ἑλληνικῶν πολλὰ δὲ
Μακεδονικῶν πολισμάτων ὀνόματα, Βέρροια, Ἔδεσσα . . . Ἥραια, Ἀπολλωνία.

Die Ortsnamen im Westen gehören semitischen Gottheiten, mit
denen Hera identifiziert wurde, speziell Astarte, und der römischen
Juno, die meist ebenfalls sekundär ist. Semitische Grundlage liegt
vor in Ἥρας ἱερόν· auf Malta (wie in Ἡρακλέους ἱερόν ebenda), Junonia, dem römischen Karthago, Ἥραιον im Inneren Sardiniens (vgl.

---

1) Die Inschrift ist in Venetien gefunden und wurde später Kerkyra zugewiesen, z. B. CIG 1840, IG IX I, 963; Ziebarth hat ihren kretischen Ursprung aufgezeigt und sie Kydonia zugeteilt, vgl. IG IX 1 Addenda S. 212, Ditt Syll.
III ³ (1920) nr. 940.

Weiß, RE VIII, 419), Junonia unter den kanarischen Inseln und Junonis insula = Madeira, vgl. Fick, AO 22, 1897, S. 27 [1]).

Von den nicht primär auf die Hellenin zurückgehenden Ortsnamen im Westen abgesehen, finden sich von Hera abgeleitete theophore Ortsnamen außer im Umkreis ihrer Heimat Argolis (Arkadien, Megaris) nur im Bereiche der megarischen und samischen Kolonisation.

Ἡρακλῆς.

Ἡράκλεια   Arkadien Theophrast hist. pl. 9, 18, 10.
Ἡράκλεια   Elis Pisatis Str. 8, 356, Paus. 6, 22, 7, St. B. 18.
Ἡράκλειον (-α) Kreta, Hafen von Knossos Str. 10, 476. 484.
Ἡράκλεια   Insel südl. von Naxos IG XII 7, 509 (3. Jhd.).
λιμὴν Ἡρακλέους ἱερὸς καὶ τέμενος b. Alyzia (Akarn.) Str. 10, 459.
Ἡράκλεια   Akarnanien Plin. 4, 5, St. B. 21.
Heraclea   Epirus, Ἀθαμανία Liv. 38, 1, 7.
Ἡράκλεια   St. u. Hafen Epirus, Χαονία Skyl. 22.
Ἡράκλεια   Trachis Thuk. 3, 92.
Ἡράκλεια   Sizilien, am Eryx Her. 5, 43, Diod. 4, 23, 3.
Ἡράκλεια Μινώα Sizilien, zw. Selinus und Akragas Her. 5, 46.
Ἡράκλεια (ον) Lukanien, am Σῖρις Str. 6, 264, IG XIV 645; -ον Skyl. 14.
Ἡράκλεια Πόντου Bithynien Skymn. 972/5, Paus. 5, 26, 6.
Ἡρακλέους νῆσος Pontus Ael. 6, 40.
Ἡράκλεια   Pontus, Westküste, unweit Kallatis Plin. 4, 44.
Ἡράκλειον   Kolchis Plin. 6, 16 oppidum.
Ἡράκλειον   Makedonien, κόλπος Θερμαῖος Skyl. 66, Polyb. 28, 11.
Ἡράκλεια Λυγκηστίς Mak. NW, am Erigon Polyb. 34, 12, 7.
Ἡράκλεια Σιντική Mak. NO, am Strymon Diod. 31, 8, 7. St. B.
Ἡράκλεια   Samothrake Et. M. (Μαγνῆτις), vgl. IG XII, 8, S. 40.
Ἡράκλεια   Thrakien, Propontis Skyl. 67, heute Heraklitza [2]).
Ἡρακλῆς   Gut (χωρίον) Mytilene IG XII 2, 76 k, 78 b 2.
Ἡράκλεια   Äolis, κώμη τῶν Μυτιληναίων Str. 13, 607.

---

1) Kap Trafalgar heißt bei Ps.-Skylax 112 Ἱερὸν ἀκρωτήριον; Junonis promunturium steht erst bei Mela. Der Tempel wird ursprünglich der Semitin gehört haben.

2) Πέρινθος heißt in byzantinischer Zeit Ἡράκλεια, Prokop de aed. 4, 9, b. Vand. 1, 12.

Heracleotes tractus ebd. Plin. 5, 122.

'Ηράκλεια πόλις πρὸς τῇ Κυμαίᾳ τῆς Αἰολίδος St. B. 20.

'Ηράκλεια   Lydien, am Sipylos IHS 2, 297, vgl. 300, St. B.

'Ηρακλεῶτις   Gegend Ionien, unweit Ephesus Str. 14, 642.

'Ηράκλεια ἡ ὑπὸ Λάτμῳ Ionien F. Gr. Hist. I fr. 239 (S. 34) Jac.

'Ηράκλεια   Karien = Βόλβαι St. B. 9.

'Ηράκλεια   Karien, am Salbakos Str. 14, 658, St. B. 19, Hierokl.
                 688, 11.

'Ηράκλειον   eine der ἀκροπόλεις v. Kaunos (Kar.) Diod. 20, 27.

'Ηράκλεια (-ον) Syrien, Kyrrhestike Ptol. 5, 14, 10; -ον Str. 16, 751
                 St. B. 13?

'Ηράκλεια   Syrien, Pierien St. B. 15.

'Ηράκλεια   Syrien, Kassiotis, nördl. Laodikeia am Meere, Str. 16,
                 751, Stad. 138. 142 [1]). St. B. 13?

'Ηρακλέους βωμοί Stadt am Tigris Ptol. 5, 17, 1. 6, 3, 4.

'Ηράκλεια   Medien Str. 11, 514, Ptol. 6, 216.

'Ηράκλεια   Arien (Baktrien) Plin. 6, 148.

'Ηράκλεια μεταξὺ Σκυθίας καὶ 'Ινδικῆς St. B. 11.

'Ηράκλεια   Phönizien St. B. 14.

'Ηρακλεούπολις Ägypten, πλησίον Πηλουσίου St. B.

'Ηράκλειον   Ort m. Tempel a. d. kanob. Nilmündg. Str. 17, 788.
                 801.

'Ηρακλεωτικὸν στόμα kanob. Nilmündg. Diod. 1, 33, 7.

'Ηρακλέους πόλις Mittelägypten   Plut. de Is. 37.

'Ηρακλεώτης νομός Mittelägypten   Str. 17, 809. 812.

Herculis portus Bruttium, zw. Hipponium u. Medma Str. 6, 256.
                 Plin. 3, 73.

Heraclea [2])   eine der Lipar. Inseln Mela 2, 120.

Herculaneum, 'Ηράκλεια am Vesuv Dion. Hal. 1, 44, 1.

'Ηρακλέους λιμήν Sardinien, Süden Ptol. 3, 3, 3 = 'Ηράκλεια St. B.

Herculis, insulae b. Sardinien, NW Plin. 3, 84, νῆσος Ptol. 3, 3, 8.

'Ηρακλέους λιμήν zw. Νίκαια u. Τρόπαια Σεβαστοῦ Ptol. 3, 1, 2.

---

1) Beer, RE VIII 434, Her. 20) hält die beiden letztgenannten Herakleia
für identisch, Tscherikower 62 trennt sie.

2) Im folgenden werden nur diejenigen Örtlichkeiten des westlichen Mittel-
meerbeckens aufgezählt, die möglicherweise noch mit dem griechischen Herakles
zusammenhängen. Hierher gehören also z. B. nicht mehr der etrurische Herculis
portus oder die von Libanios (550 Bd. II S. 273 F) im 'Επιτάφιος ἐπὶ 'Ιουλιανῷ
erwähnte Stadt Heraclea im Nordseegebiet.

Heraclea Caccabaria Gallia Narbonensis It. Ant. 505, 4. 6.
Heraclea   Rhonemündung Plin. 3, 33 [1]).
νῆσος 'Ηρακλέους vor Neukarthago Str. 3, 159; (Plin. 31, 94) = Scombraria.
νῆσος 'Ηρακλέους ἱερά vor Onoba Str. 3, 170; St. B. 22 *ἐν τῷ 'Ατλαντικῷ* [2]).
'Ηρακλεία   Phyle Megalopolis IG V 2, 451 (3. Jhd.).
'Ηρακλεῖς   Phyle Tenos IG XII 5, 898, 2. 863. 872, 68 *ἐν 'Ηρακλειδῶν*.
'Ηρακλεῖς   Phyle Philippopolis [3]) CIG 2047 ff.
'Ηρα[. . . . .]   Phyle Chalkedon IHS 7, 154 f.
'Ηρακληῒς   Phyle Kys (Karien) BCH 11, 310.
'Ηρακλεάς   Phyle Aizanoi (Phrygien) Lebas-Wadd. 3, 842.
'Αδριανὴ 'Ηρακλέους Ph. Ikonion Bursian Jahresber. 1934, III S. 175.
'Ηράκλειος   Demos Alexandreia Pap. Oxyrrh. 273, 12.
'Ηρακλεοβουκόλοι Αἰγυπτιακὴ συνοικία St. B.
'Ηράκλειος   Bach Phokis Paus. 10, 37, 3.
'Ηράκλειος ἄκρα Vorgb. östl. v. Amisos Str. 12, 548.
'Ηράκλειος ἄκρα Vg. Pontus, Ostküste Arr. per. 27.
                zw. *Νῆσις* u. *Βόργυς* (Fl.).
'Ηράκλειος ἄκρα Vg. Pontus, Ostküste Arr. per. 28
                nördl. d. Mündg. d. *'Αχαιοῦς*.
Heracleum flumen et promunturium Kolchis
                zw. Phasis und Bathys Plin. 6, 12.
'Ηράκλειοι θῖνες gr. Syrte, zw. Drepanon u. Boreion Skyl. 109, Ptol.
                4, 4, 5.
'Ηρακλέους πύργος ebd. Ptol. 4, 4, 2; *'Ηράκλειον* Str. 17, 838.
'Ηρακλέους ἱερόν Vg. Melite Ptol. 4, 3, 13.
'Ηράκλειον   Vg. Bruttium, Südspitze Str. 6, 259.
Herculis petra Golf v. Neapel Plin. 32, 17.
'Ηρακλέους ἱερόν Vg. Mauritania Tingitana Ptol. 4, 1, 2.
'Ηράκλεαι στῆλαι Meerenge v. Gibraltar Her. 2, 33 u. ö. [4]).

---

1) Sunt auctores et Heracleam oppidum in ostio Rhodani fuisse.
    2) Str. 3, 140 berichtet, daß nach Timosthenes *Καρτηία* beim Vorg. Kalpe unweit Gibraltar von Herakles gegründet und früher *'Ηράκλεια* genannt worden sei.
    3) Die Phyle *'Ηρακλεῶτις* in Kios (BCH 12, 201 n. 12; 24, 376 n. 23) scheint nicht nach Herakles, sondern nach Herakleia (vielleicht Pontike) benannt zu sein.
    4) *'Ηρακλέους ἄκρον* in Britannien Ptol. 2, 3, 2 ist wohl erst römisch.

Herakles ist ursprünglich kein Gott, sondern „Heros"; allerdings Grab und Reliquien von ihm werden nicht gezeigt. Die Mittelstellung zwischen Gott und Heros wurde für ihn schon früh als charakteristisch empfunden, vgl. Her. 2, 44, 5 δοκέουσι δέ μοι οὗτοι ὀρθότατα Ἑλλήνων ποιέειν, οἳ διξὰ Ἡράκλεια ἱδρυσάμενοι ἔκτηνται, καὶ τῷ μὲν ὡς ἀθανάτῳ, Ὀλυμπίῳ δὲ ἐπωνυμίην θύουσι, τῷ δὲ ἑτέρῳ ὡς ἥρωϊ ἐναγίζουσιν. Herakles hat von allen griechischen Personen, Göttern, Heroen und Herrschern, den stärksten Niederschlag in der Ortsnamengebung aufzuweisen, allerdings nur zum Teil durch seinen K u l t als Heros oder Gott; er wirkte außerdem in seiner Eigenschaft als Stammesheros und fiktiver Stammvater von Dynastien, schließlich auch durch Identifizierungen mit fremden Göttern.

Von seiner argivischen Heimat aus verbreiteten sich Kulte und Sagen in die benachbarten Landschaften; davon zeugen Herakleia in Arkadien und Elis, Herakleion auf Kreta, die Kyklade Herakleia, sowie die Städte im Bereiche der megarischen, korinthischen und spartanischen Kolonisation. Hinzu tritt die Phyle in Megalopolis (s. o. Zeus S. 21). Ostwärts von der Argolis aus — in Troizen erwähnt Paus. 2, 32, 4 eine Ἡράκλειος κρήνη — haben die Argiver den Heraklesnamen nach Tenos getragen, wo Herakles die Boreaden getötet haben soll (Ap. Rhod. 1, 1301 ff.), mit Hermes zusammen als Ephebengott verehrt wird [1] und neben Eileithyia, Hyakinthos und dem chthonischen Klymenos eine Phyle hat, und nach der südlich von Naxos zwischen Jos und Amorgos gelegenen Kyklade gebracht. Stephanos setzt eine Insel Herakleia im karpathischen Meer an; Bürchner, RE VIII 430, vermutet Identität mit der Kyklade. Angesichts der frühen Ankunft und bedeutenden Stellung des argivischen Herakles auf Kos und Rhodos wäre neben der Kyklade Herakleia die Existenz einer gleichnamigen Insel im karpathischen Meer wohl denkbar; gesichert ist sie nicht.

Der Herakleskult in Alyzia, dessen Hafen dem Herakles geweiht

---

[1] IG XII 5, 911 auf einer von den Epheben eines Jahres dem Hermes und Herakles geweihten Herme

Οἱ ἐφηβεύσαντες ἐπὶ γυμνασιάρχων Φιλίσκου τοῦ
Φιλίσκου Σίμου τοῦ Ἀρχαγόρου Ἑρμῇ καὶ Ἡρακλεῖ.

Auf Astypalaia und Thera ist Herakles ebenfalls Gott der Palaistra, Ἑρμᾷ τε καὶ Ἡρακλεῖ IG XII 3, 193. 339 u. ö. Zuerst wurde er in Attika als Gott verehrt, vgl. Diod. 4, 39, 1; nach Pausanias 1, 15, 3 in Marathon, Μαραθωνίοις . . . Ἡρακλῆς ἐνομίσθη θεὸς πρώτοις; ebd. 32, 4 φάμενοι πρώτοις Ἑλλήνων σφίσιν Ἡρακλέα θεὸν νομισθῆναι.

war, sowie der Name der Städte Herakleia in Akarnanien und Chaonien sowie Athamanien gehört wahrscheinlich der korinthischen Kolonisation. In Korinth galt Herakles als Stammvater, Κορίνθιοι δὲ πάντες εἰσὶν ἀφ᾽ Ἡρακλέους [1]), Antonius Lib. 4. Bei Βοῦλις mündet der ποταμὸς χείμαρρος namens Ἡράκλειος in den korinthischen Meerbusen; er entspringt auf dem Helikongebirge.

Ἡράκλεια ἥ ἐν Τραχῖνι ist 426 v. Chr. von Spartanern und anwohnenden Maliern und Dorern gegründet. Der Herakleskult im Ötagebiet ist alt; im östlich benachbarten Gebiet der opuntischen Lokrer erwähnt Str. 9, 425 τὰ θερμὰ τὰ Ἡρακλέους bei Opus und Kynos gegenüber dem euböischen Aidepsos. Ausschlaggebend für die Benennung der neuen trachinischen Stadt war das den spartanischen Kolonisten eigene Bewußtsein ihrer Verwandtschaft mit ihrem πρόγονος Herakles, wie auch in anderen spartanischen Kolonien. Herakleskult fehlt in Lakonien fast völlig (Wide, Lak. Kulte 302, Nilsson, GF 445). Die Selbstbezeichnung der Agiaden und Eurypontiden wie der Spartiaten überhaupt als Herakliden (vgl. Tyrtaios 2, 2. 8, 1 D) geht nicht auf urdorische Volkstradition zurück, sondern entstammt mythologischer Spekulation, verbunden mit Motiven des politischen Prestiges (vgl. Beloch I 2, 82, Wilamowitz I 73). Herakles im Namen spartanischer Kolonien ist somit nicht primär ein im lebendigen Kult des Volkes verehrter Heros oder Gott, sondern der als Ahnherr in Anspruch genommene Exponent der spartanischen Macht.

So gründet Dorieus, der Sohn des Königs Anaxandridas, um 500 an der Westspitze Siziliens am Gebirge Eryx Herakleia (Diod.), nach Herodot auf Grund eines Orakels, τὴν Ἔρυκος χώρην πᾶσαν εἶναι Ἡρακλειδέων αὐτοῦ Ἡρακλέους κτησαμένου. Nach kurzer Zeit fällt Dorieus gegen die Phönizier und Egestäer; darauf besiedelt der συγκτίστης Euryleon mit den Überlebenden der spartanischen Expedition die selinuntische Kolonie Minoa [2]) und nennt sie Herakleia.

---

1) Die Zusammengehörigkeit mit Palaimon Melikertes braucht im vorliegenden Zusammenhang nicht erörtert zu werden.
2) Ziegler, RE VIII 437, 46 ff.: „... von Selinus gegründet unter dem Namen Minoa wegen der sagenhaften Zurückführung der offenbar schon vorhandenen vorgriechischen Siedlung auf Minos", so Diod. 4, 79, 5. Zu dieser Annahme liegt ein zwingender Grund nicht vor, jedenfalls nicht hinsichtlich des Namens. Selinus gehört als Gründung des sizilischen Megara zum Bereich der megarischen Kolonisation, und eine kleine Insel vor Nisaia, dem Hafen des

Die von der spartanischen Kolonie Taras in dem den **Thuriern** abge-
rungenen Gebiet am Siris 433 gegründete Stadt erhält **ebenfalls** den
Namen Herakleia.

An die zur Kyrenaika gehörigen Gestade der großen **Syrte**, wo die
von Ps.-Skylax verzeichneten Ἡράκλειοι θῖνες liegen, ist **Herakles**
von den Dorern gebracht worden, wahrscheinlich denen von **Kyrene**,
vgl. den erwähnten Herakleskult auf Thera. Theräer hatten den **Zug**
des Dorieus begleitet, Her. 5, 42, der vor der Begründung von **Hera-**
kleia am Eryx in der Nähe von Leptis an der großen **Syrte gelandet**
war und sich dort am Kinyps niedergelassen hatte, von **wo er nach**
drei Jahren durch die Maker, Libyer und Karthager **vertrieben**
wurde. Es mögen noch mehr dorische Siedler, als bekannt ist, **an**
den Gestaden Nordafrikas gelandet sein.

Von Megarern und Böotern [1]) ist um 550, zur Regierungszeit **des**
Kyros (Skymn.), Herakleia am Pontus gegründet, die **nachweislich**
älteste Stadt dieses Namens. Ἡράκλεια πεπόλισται μὲν ἐπὶ Εὐξείνῳ
πόντῳ, ἀπῳκίσθη δὲ ἐκ Μεγάρων· μετέσχον δὲ καὶ Βοιωτῶν Ταναγραῖοι
τοῦ οἰκισμοῦ, Paus. 5, 26, 6. In der megarischen Kolonie Byzanz gab
es ein ἄλσος und einen πύργος Ἡρακλέους (Hesych. Miles. FHG IV
153, 37; 149, 14). Eine Heraklesinsel im Pontus erwähnt Aelian 6, 40
νῆσος ἐν τῷ Πόντῳ Ἡρακλεῖ ἐπώνυμος ἐκτετίμηται. Plinius nennt unter
den thrakischen Städten am Pontus hinter Kallatis Heraclea; Κάλ-
λατις ist wie Χερσόνασος ἁ ποτὶ τᾷ Ταυρικᾷ Kolonie von Ἡράκλεια
Ποντική, Skymn. 762 ἀποικία τῶν Ἡρακλεωτῶν, da wird es Heraclea
ebenfalls sein.

Neben der megarischen hat die milesische Kolonisation **offenbar**
Ortsnamen, die Herakles enthalten, hervorgebracht; ihre **Bezeugung**
ist nicht alt, daher bleibt die Zeit der Namengebung ungewiß. **Auf**
der Χερσόνησος τραχεῖα gab es bei Μυρμήκιον ein Ἡράκλειον Str. 11,
494, Ptol. 3, 6, 4, an der Ostküste drei Vorgebirge und eine **Stadt**

---

hellenischen Megara, hieß Minoa (vgl. Fick, VO 27, der allerdings **ebenfalls**
Minoa des Namens wegen den alten Kretern zuschreibt, Beloch I 1, 249 **und**
Ehlers, Die Gründung von Zankle in den Aitia des Kallimachos, Diss. Berlin
1933, S. 18 Anm. 22). Minoa finden sich auf Kreta zweimal, ferner **auf Amorgos**,
Siphnos und Kerkyra sowie als Vorgebirge bei Epidauros Limera in Lakonien.

Ob diese Orte nach einem „vorgriechischen stiergestaltigen Gott" (Bethe,
Rh. Mus. 65, 1910, S. 216) Minos benannt sind, ist nicht zu entscheiden; **sie**
alle für theophor zu halten, erscheint gewagt; jedenfalls bezeugen sie „die **weite**
Ausdehnung der altkretischen Seefahrt und Seeherrschaft", Fick, VO 27.

1) Str. 12, 542 Μιλησίων κτίσμα ist eine verständliche Verwechslung.

dieses Namens, ferner östlich von Amisos (milesische Kolonie wie Sinope) ein Vorgebirge. ʿΗράκλειος ἄκρα. Sebastopolis am Iris verehrte Herakles als Stadtgott, prägte ihn auf Münzen und nannte sich selber Herakleopolis, Head 427.

Wie die Agiaden und Eurypontiden in Sparta, so leitete auch das makedonische Königsgeschlecht der Argeaden seine Abstammung von Herakles her (Listen bei Beloch I 2, 192). Auf eine der beiden makedonischen Herakleia bezieht sich St. B. ʿΗράκλεια, κγʹ Μακεδονίας, ᾿Αμύντου τοῦ Φιλίππου κτίσμα; nach der Person des Gründers zu schließen, der mit Hilfe des Königs Sitalkes von Thrakien als Prätendent gegen Perdikkas II. auftrat (Diod. 12, 50, 3), handelt es sich um die östlichere, nahe der thrakischen Grenze am Strymon gelegene Stadt ʿΗράκλεια Σιντική. Es ist nicht ausgeschlossen, daß der Name der neuen Stadt auf Herakles als den Ahnherrn der Dynastie zielt. Alexander d. Gr. benennt in Baktrien und Indoskythien Städte Herakleia; Herakleia in Medien ist ebenfalls makedonischen Ursprungs.

Die Ortsnamen Herakleia im Bereiche des thrakischen Meeres, der Troas und der kleinasiatischen Äolis sind ebenso wie die ionischen und karischen erst für eine spätere Zeit bezeugt, in der jedenfalls die einzelnen thrakischen, äolischen, lydischen und rhodischen Sondertraditionen über Herakles schon lange in die gemeingriechische Gestalt des Heros-Gottes zusammengeflossen ist, so daß sich kaum noch die speziellen ortsnamengebenden Kräfte aussondern lassen. Denkbar wäre es, daß der thasische Kult Herakleia auf Samothrake und Herakleion an der Propontis mitbestimmt hat; ebensogut kann der Anstoß von der Troas oder aus Ionien gekommen sein, wir wissen es nicht. Friedländer (Herakles, Philol. Unters. 19, S. 14 Anm. 3) führt Herakleia auf Samothrake auf die sagengeschichtlichen Beziehungen zwischen Rhodos und Samothrake zurück. Kolonisation der Dorer im thrakischen Meer ist im übrigen nicht zu belegen, rhodische auch nicht.

Vielmehr gestatten die bisher durchgesehenen Ortsnamen eine berechtigte Skepsis gegenüber dem Satze Friedländers, ebd. S. 142: „Hingegen will mich bedünken, als sei, wenn wir den Herakles im griechischen Koloniallande vorfinden, fast immer rhodische Kolonisation vorauszusetzen, keineswegs ‚dorische‘ irgendeines anderen Staates." — Gewiß, Heraklessagen hat es etwa an den Pontusküsten und in Unteritalien schon vor der megarischen und tarentinischen

Kolonie gegeben, schon vor ihrer Gründung sind Heraklessagen dort lokalisiert worden. Die für uns wesentliche Frage bleibt nur, aus welchem Zentrum schließlich die treibende Kraft zur Ortsnamengebung ausstrahlt. Kann man für die Heraklesstädte in dieser Hinsicht die rhodische Kolonisation für ausschlaggebend erklären? Überschauen wir noch einmal kurz die Heraklesstädte, die sicher für die Zeit vor dem Ausgang des 4. Jahrhunderts bezeugt sind:

Um 550 gründen Megarer und Tanagräer Herakleia in Bithynien am Pontus, auf welches Herakleia bei Kallatis zurückgeht, um 500 Spartaner Herakleia am Eryx auf Sizilien, dann Herkleia Minoa, 433 die spartanische Kolonie Taras Herakleia am Siris, 426 die Spartaner Herakleia in Trachis. In Makedonien entsteht im 5. Jahrhundert Herakleia Sintike; Herakleia Lynkestis wird kaum viel jünger sein. Ps.-Skylax (vor 330) bezeugt Herakleion am Olymp an der thessalischen Grenze, Herakleia an der Propontis, ferner Herakleia in Epirus im Bereiche der korinthischen sowie die ʿΗράκλειοι θῖνες an der großen Syrte im Bereich der lakonisch-theräischen Kolonisation. Die Städte in der Äolis, in Lydien und in Karien sind für diese Zeit noch nicht bezeugt; Herakleia am Latmos hieß zur Zeit des Hekataios noch Λάτμος, wir wissen nicht, wann der neue Name aufkam. Bei keinem der genannten Ortsnamen, die für das 4. Jahrhundert und früher bezeugt sind, ist ein maßgebender Einfluß der rhodischen Kolonisation nachzuweisen oder zu vermuten, der entscheidende Anstoß zur Namengebung kommt vom griechischen Mutterland, insbesondere durch die „Dorer" vom Isthmos bis Lakonien.

Durch Inschriften aus der Kaiserzeit erfahren wir von Phylen, die nach Herakles genannt sind, in Philippopolis, Kys, Aizanoi und Ikonion. Kybistra in Kappadokien am Tauros, nahe der lykaonischen Grenze, hieß später Herakleia[1]). In Tarsos galt Herakles als ἀρχηγός (Dio Chrys. 33 p. 408), seit dem 5. Jahrhundert stellen ihn die Münzen der Stadt als Löwenwürger dar, Head 612; er wird mit dem kilikischen Gott Sandon gleichgesetzt. Sandon hat theophore Personennamen in Kilikien und Kappadokien (vgl. Sittig 12), Lykaonien (Sundwall 247) Σάνδης und vielleicht in Lydien (Sundwall 248 Σάνδανις)[2]) zãta-(a)ñna). An Ortsnamen gehen auf Sandon zurück [in Klammern die Wurzelanalyse Sundwall 66. 247]

1) Heute Eregli. Not. Episc. ὁ Κυβίστρων ... τὰ Κύβιστρα ἤτοι τὰ ʿΗρακλέους, Müller zu Ptol. 5, 6, 22, S. 890.
2) Statt Her. VII 71 lies I 71, 2.

40

Δαλίσανδος (deli + zāta) [1]) St. Isaurien Ptol. 5, 6, 22, Hierokl.
710, 1, Keil-Wilh. 146 [2]),
Σανδάλιον (zāta + la) Bergschloß Pisidien Str. 12, 569 [3]),
Σάνδαινα (zāta-(a)ñna) St. Lydien zw. Thyateira und Pergamon
BCH 11 (1887) 403 ὁ δῆμος ὁ Σανδαινειτῶν,
ὁ Σάνδιος λόφος (zāta) Hügel bei Myus Thuk. 3, 19 [4]).
Wenn die beiden letztgenannten Namen sich wirklich auf den Gott
Σάνδων beziehen — volle Gewißheit ist darüber nicht zu erlangen —,
so bilden sie einen Beleg für seine immer noch umstrittene Verbrei-
tung in Karien und Lydien.

Alexander d. Gr. hat in Ariana oder Baktrien eine Stadt Herakleia
gegründet — Herakles gilt als Ahnherr seiner Dynastie —, oppidum
Heraclea, ab Alexandro conditum, quod deinde subversum ac resti-
tutum Antiochus Achaida appellavit (Plin.). Ebenso wird die bei
St. B. aufgeführte Stadt Indoskythiens auf ihn zurückgehen. Make-
donisch ist Herakleia in Medien, in der Gegend von Rhagai (nordöstlich von Ekbatana, südlich vom Kaspischen Meer, so Strabon)
oder südöstlich von Ekbatana (so Ptol.) gelegen. Entweder stammt
die Stadt ebenfalls von Alexander, oder, wie Tscherikower 159 annimmt, von Antigonos als makedonische Militärkolonie; als solche
hätte sie dann den makedonischen Stadtnamen bekommen. Den
Städten, denen, wie Dion Heraia Apollonia Poseidion, beliebte makedonische und hellenische Namen gegeben wurden, sind die syrischen Herakleia wahrscheinlich zuzurechnen; Identifizierung orien-
talischer Gottheiten mit Herakles ist nicht erweisbar und braucht
nicht mitgewirkt zu haben, anders als bei Ἡρακλέους βωμοί, in der

1) So Tomaschek, Beitr. z. Topogr. Kleinasiens, Sb. Wiener Akad. 124
(1891), VIII S. 63.
2) Inschrift aus Korasion, Keil-Wilh. S. 111 nr. 146 Θήκη Ἰωάνου Δαλισαν-
δέους.
3) Sundwall 248 stellt dazu ferner
Σανδάλιον (zāta-la) Insel Karien, Vg. Τρογύλιον, Plin. 5, 135. Bürchner, RE
I A 2262 (Sandalion) bezieht den Namen auf den sandalenförmigen Grundriß
der Insel und stellt ihn zu
Σανδάλιον, Insel bei Lesbos, gegenüber Mytilene, Plin. 5, 140.
Zweifelhaft hinsichtlich der Beziehung auf Sandon bleibt
Σάσανδα (zazā-ta) φρούριον Karien, im Umkreis von Kaunos, Diod. 14, 79, 4.
4) Rehm, Milet Bd. I Heft III S. 442 möchte Thuk. 3, 19, 2 μέχρι τοῦ Σαν-
δίου λόφου ändern in (Ὑ)βανδίου λόφου. Jedenfalls soll Σάνδιος λόφος identisch
mit der Insel Ὕβανδα nördlich von Myus sein, ebd. S. 349. Bürchner, RE I A 2
(1920), 2263 äußert sich nicht dazu.

Weißbach, RE VIII 516, die hellenistische Nachfolgerin von Aššur vermutet, und der phönikischen Herakleia, bei der die Nachbarschaft von Tyrus eine Rolle gespielt haben dürfte.

In Herakleupolis in Mittelägypten wurde der bocksköpfige Arsaphes (Harschef) als Herakles verehrt, mit dem mehrere ägyptische Gottheiten gleichgesetzt sind. An der kanobischen Nilmündung nennt bereits Herodot (2, 113, 2) ein Heraklesheiligtum, das offensichtlich von den Ioniern in Naukratis herrührt.

Die Ortsnamen im westlichen Becken des mittelländischen Meeres gehen zum geringeren Teil unmittelbar auf den griechischen Herakles zurück; die Gleichsetzung mit dem phönizischen Melkart Baal (vgl. Herakleia in Phönizien), sowie der Römer Hercules sind hier wirksam. ῾Ηράκλεια (Herculaneum) am Vesuv könnte an sich Kolonie von Kyme oder Neapel sein, Belege dafür sind nicht vorhanden. Auf Sardinien landeten griechische, karthagische und römische Ansiedler; die nach Herakles genannten Inseln und der Hafen gehören sicher nicht primär dem Griechen [1]).

Die von Maaß, Gruppe und Friedländer [2]) vertretene Annahme einer vorphokäischen rhodischen Kolonisation in Südgallien, die auf die Gestaltung der keltischen Heraklessagen maßgeblichen Einfluß ausgeübt haben soll, stützt sich lediglich auf die Notiz Skymn. 204 ff., Str. 3, 160 ff., 14, 654, Rhode an den Pyrenäen sei eine rhodische Ansiedlung. Dazu mag die Ähnlichkeit des vielleicht hellenisierten Ortsnamen den Anstoß gegeben haben; „wie alle massaliotischen Kolonien hatte auch Rhode einen Artemistempel", Busolt, Gr. Gesch. I 438 Anm. 2. So bleibt es für Südgallien bei der ionischen Kolonisation, welcher Herakleia an der Rhonemündung und der Herakleshafen bei dem massaliotischen (Str. 4, 180. 184) Nikaia zugehören.

Μόνοικος Hekataios bei St. B., Μονοίκου λιμήν Str. 4, 201 f., Ptol. 3, 1, 2, Herculis Monoeci portus Plin. 3, 47, heute Monaco, wird nicht mit Gruppe 373. 746 primär auf eine griechische Epiklese des Herakles zurückzuführen sein, die sonst überhaupt nicht belegt ist;

---

1) Nach Paus. 10, 17, 2 gab es eine Tradition, die den Eponymen Sardos für den Sohn des ägyptischen Herakles Makeris hielt, ἡγεμὼν δὲ τοῖς Λίβυσιν ἦν Σάρδος ὁ Μακήριδος ῾Ηρακλέους δὲ ἐπονομασθέντος ὑπὸ Αἰγυπτίων τε καὶ Λιβύων.

2) Maaß, Österr. Jahrb. 1906, 140 ff.; 1907, 103. Gruppe, RE Suppl. III 997, 52. Friedländer, Herakles S. 23 f.

vielmehr wird Gräzisierung eines älteren Namens vorliegen, dessen von Gröhler 26. 27 angenommener phönizischer Ursprung allerdings ebensowenig erwiesen ist.

Die zweisprachige Inschrift IG XIV 600 aus Malta, wo es neben ῞Ηρας ἱερόν einen Küstenpunkt ῾Ηρακλέους ἱερόν gab, bezeugt die Identifikation Melkart-Herakles. Dem griechischen Τυρίοι ῾Ηρακλεῖ ἀρχηγέτει entspricht im phönizischen Text CIS I 122 S. 151 לאדנן למלקרת בעל צר. Ähnlich vermählen sich semitische und griechische Elemente im südlichen Spanien.

Ἀθηνᾶ.

'Αθῆναι   Attika.

'Αθῆναι Διάδες Eubōa Aesch. fr. 31 N², IG I 37, 68; 231 u. ö.

'Αθῆναι   Akarnanien, Κουρῆτις St. B. 7.

νέαι 'Αθῆναι ῾Αδριαναί Delos Phlegon bei St. B. (Ὀλυμπιεῖον).

'Αθῆναι [1])   Ort Pontus, östl. v. Trapezus Aor. p. p. Eux. 5 f., St. B. 9.

'Αθηνᾶς τεῖχος Achaja, Küste zw. Panomeos und Erineos Paus. 7, 22, 10.

'Αθήναιον   Berg Argolis Ps.-Plut. De fluv, 18, 12 ²).

'Αθήναιον χωρίον Arkadien, b. Megalopolis Pol. 2, 46, 5, Paus. 8, 44, 2.

'Αθήναιον   castellum, Athamanien, thess. Grenze Liv. 38, 1, 11. 2, 2. 39, 25, 17.

'Αθήναιον χώρα Sizilien, bei Himera   Diod. 5, 3, 4.

'Αθηνόπολις Südgallien   Mela 2, 77, Plin. 3, 35.

(᾽Αθηναιών Hafen Pontus, Χερσ. τραχεῖα, westl. von Κύται, Anon. p. p. E. 50.)

Παναθαναία Phyle Megalapolis   IG V 2, 451 (3. Jhd.).

---

1) Arr. 6 ἔστι γὰρ τοι καὶ ἐν Πόντῳ τῷ Εὐξείνῳ χωρίον οὕτω καλούμενον · καί τι καὶ 'Αθηνᾶς ἱερόν ἐστι αὐτόθι ῾ Ελληνικόν, ὅθεν μοι δοκεῖ καὶ τὸ ὄνομα εἶναι τούτῳ τῷ χωρίῳ · καὶ φρούριόν τί ἐστι ἠμελημένον. Davon abhängig St. B. 9.

Von den neun Städten des Namens 'Αθῆναι bei Stephanos ist δευτέρα πόλις Λακωνική identisch mit der in der Κυνουρία gelegenen Stadt 'Αθήνη Paus. 2, 38, 6, sonst 'Ανθήνη Thuk. 5, 41 (Hitzig-Blümner zu Paus.), τρίτη Καρίας Verwechslung mit Εὐθῆναι (RE II 2022, VI 1497 f. Bürchner), τετάρτη Λιγυστίων, πέμπτη ᾽Ιταλίας nach Hülsen, RE 2022 „wahrscheinlich nur auf Konfusion beruhend"; vielleicht ist mit der ligurischen Stadt Athenopolis gemeint.

'Ογδόη Βοιωτίας hat, wie ich annehme, niemals existiert, s. u.

2) Skeptisch beurteilt von Bursian II 50.

'Αθανεᾶτις Phyle Tegea IG V 2, 6, 83. 89, 38 1, 54 u. ö. Paus. 8, 53, 6.
'Αθηνᾶς φρατρία Syros IG XII 5, 669.
'Αθηναῖς Phyle Eumeneia BCH 17, 241. 244.
'Αθηναία Phyle Ankyra BCH 7, 20.
'Αθηνᾶς Π[ολιάδος] Ph. Ikonion Ath. Mitt. 30, 325 n. 2.
'Αθηναῖς Phyle Laodikeia (Karien) Ath. Mitt. 16, 146, BCH 11, 353.
Σεβαστὴ 'Αθηναῖς Ph. Nysa (Karien) Anz. d. Wien. Ak. 1893, S. 93.
'Αθηναϊκόν Bergwerksgelände Attika IG II 780, 14.
'Αθηνᾶς Αἰθυίας σκόπελος b. Megara Paus. 1, 5, 3. 41, 6.
'Αθήναιον Vorg. b. Sorrent Str. 5, 247 Minervae promunt.
'Αθήναιον Hügel bei Akragas [1]) Diod. 13, 85, 4.
Athenopolis zwischen Nikaia und Massalia ist massalische Kolonie, Plin. Athenopolis Massiliensium. Der Name ist entweder mit Bilabel 241 zu deuten: „. . . aus dem Namen ist natürlich auch Pflanzvolk aus Athen zu erschließen.“ Oder er ist theophor: In Massalia wurde wie in Phokaia τῆς 'Αθηνᾶς ξόανον καθήμενον gezeigt, Str. 13, 601, in Phokaia ist Athenekult bezeugt Xen. Hell. 3, 1, 3 νεὼς τῆς "Αθηνᾶς, Paus. 2, 31, 6, BCH 1, 84 nr. 17 (vgl. Bilabel 243). Athenopolis würde als theophorer Name, in dieser Form wenigstens, der späteren Zeit angehören [2]).

Die nach Athene genannten Phylen in Phrygien und Karien sind, fünf an der Zahl, nächst den nach Apollon genannten bisher als die am häufigsten in Kleinasien auftretenden bezeugt. In Eumeneia ist neben Athene Hera Phylengottheit, in Ankyra „Zeus“, in Ikonion Herakles, in Nysa und Laodikeia in Karien der Lykier Apollon. Eumeneia ist pergamenische Gründung, Ikonion, Nysa und Laodikeia gehören zum pergamenischen Reich (das nördliche Karien seit 188). Da möchte ich annehmen, daß der pergamenische Athenekult [3]) die Phylennamen in den Städten des Reiches direkt oder in-

---

1) Pape irrtümlich: bei Himera.
2) Nach der Regel des Salmasius „in locorum denominationibus, quae ex duobus substantivis componuntur, integra duo nomina Graeci semper retinent“, Wackernagel, Glotta XIV (1925), S. 37 f.; unter dem Einfluß der Bildung des Ethnikon mit -ο-πολίτης kommt allmählich in späthellenistischer Zeit bei der Zusammensetzung von persönlichen Vordergliedern mit -πόλις als Nebenform -όπολις auf.
3) Bohn, Tempel der Athene Polias in Pergamon, Abh. d. Berl. Akad. 1881, IV. Das Heiligtum der Athener ist das älteste und vornehmste der pergamenischen Burg, älter als die Königszeit (ebd. S. 11).

44

direkt bestimmt hat; jedenfalls spricht die Lage der betreffenden Städte mehr für pergamenischen als für rhodischen Einfluß.

Von Rhodos (besonders aus Lindos) stammt der Kult in Akragas, dem ὁ ὑπὲρ τῆς πόλεως λόφος (Diod. 13, 85, 4) seinen Namen Ἀθήναιον verdankt, vgl. Pol. 9, 27, 7, über der Akropolis in Akragas, ἐπὶ δὲ τῆς κορυφῆς Ἀθηνᾶς ἱερὸν ἔκτισται καὶ Διὸς Ἀταβυρίου, καθάπερ καὶ παρὰ Ῥοδίοις · τοῦ γὰρ Ἀκράγαντος ὑπὸ Ῥοδίων ἀπῳκισμένου . . .

Der Stadtname Ἀθῆναι in seinem Verhältnis zur Göttin Ἀθήνη (Ἀθηνᾶ) gehört zu den am stärksten umstrittenen Problemen der Ortsnamengebung. Die Schwierigkeit beginnt mit der sprachlichen Form: Μυκῆναι, Παλλήνη, Μυτιλήνη, Τροζάν sind Ortsnamen vorgriechischer Herkunft, die Bedeutung der Stämme ist nicht zu ermitteln. Nun bleibt es fraglich, ob es erlaubt ist, den Namen Ἀθῆναι von den eben genannten Bildungen zu trennen und denjenigen Bestandteil, welcher in Μυκῆναι, Μυτιλήνη usw. die Endung ausmacht, in diesem Fall dem Stamm zuzuordnen. Der Verzicht auf einen primären Zusammenhang des Gottes- und Stadtnamens und deren beider Zurückführung auf eine ältere Wurzel trägt allerdings angesichts der alten Zusammengehörigkeit beider wenig Wahrscheinlichkeit in sich. Eine einleuchtende Etymologie des Gottesnamens ist bis jetzt nicht gefunden, wie Nilsson Rel. 27, Kern I 185, Wilamowitz I 234 bekennen. Etymologien des Stadtnamens, deren es einige gibt, hätten nur dann Wert, wenn das Verhältnis zum Namen der Göttin geklärt würde.

Kretschmer, Glotta XI (1921) 282 ff., vermutet in Athene eine Töpfergöttin auf Grund von Hesych ἄττανα · τὰ τήγανα, καὶ [ἀττανίτης] πλακοῦς ὁ ἐπ᾽ αὐτῶν σκευαζόμενος; er läßt offen, ob die Stadt nach der Göttin heißt oder ebenfalls als „Töpferort" oder „Topfstadt" zu deuten ist. Zuletzt hat sich W. Prellwitz, Glotta XIX (1931) S. 105 f. dazu geäußert: er hält den Namen der Göttin für griechisch und führt ihn auf die Präposition αθ-, ai. adhi, idg. ṇdh zurück, von der analog ἀπηνής gebildet sei, vielleicht mit der Bedeutung „die Allerhöchste". „Aber ob Ἀθαναία ‚die athenische' heißt, ist schon nicht sicher, ebensowenig, ob Ἀθῆναι ‚die Ober-' bzw. ‚die Unterstadt' bedeutet (dies im Gegensatz zu ἀκρόπολις), oder aber die ‚Athenestadt'."

Die primäre Zusammengehörigkeit von Ἀθῆναι und der Göttin vorausgesetzt, lautet die Hauptfrage: Ist der Name der Göttin von der Stadt abgeleitet oder der Stadtname von der Göttin?

Die erste Auffassung vertritt Ed. Meyer, Gesch. d. Alt. (1893) II 115 § 73 Anm.; ihm schließt sich Belöch, Gr. Gesch.² (1924) I 1 S. 155 an; die andere vertritt gegen Ed. Meyer Kretschmer, Einleitung (1896) S. 418, Wachsmuth, RE Suppl. I (1903) Sp. 159 Athenai, Pfister, Der Reliquienkult im Altertum (1909) S. 293, Sittig 27, Rodenwaldt, A. M. 37 Tafel VIII mit Text (S. 137) u. a., zuletzt Eijkman (1929) 20, Wilamowitz I 236, II 165.

Für die erste Auffassung läßt sich ins Feld führen, daß 'Αϑῆναι in eine Reihe mit anderen Ortsnamen wie Μυκῆναι gehört und sich durch nichts in formaler Beziehung heraushebt. Die Göttin heißt 'Αϑηναία, kontrahiert 'Αϑηνᾶ, in der Bedeutung „die von 'Αϑῆναι", wie 'Ιτωνία „die von Itonos", 'Αλαλκομενηΐς „die von Alalkomenai". Die homerische Form 'Αϑήνη ist dann wohl nicht durch Verkürzung aus 'Αϑηναίη (so Ed. Meyer) entstanden, sie ist vielmehr durch den Versschluß bedingt, wo sie 229mal vorkommt, außerhalb des Versschlusses in der Ilias nur 6mal, in der Odyssee 4mal, während die andere, am Versschluß nicht passende Form 'Αϑηναίη in der Ilias 56mal, in der Odyssee 32mal erscheint (Beloch a. a. O.). Ob 'Αϑήνη ('Αϑάνα) die älteste Form darstellt oder vielmehr da, wo sie in den Dialekten auftritt, bereits dem Epos entlehnt ist, wird sich kaum endgültig zugunsten der ersten Möglichkeit entscheiden lassen.

F ü r den theophoren Charakter des Stadtnamens gibt es kein durchschlagendes formales Kriterium; die von Usener herangezogenen Μυκῆναι und Θῆβαι sprechen eher gegen ihn als für ihn. Gestützt wird er durch den möglicherweise gleichen von Eleusis (s. u. Ἄρτεμις). Sachlich spricht für ihn die hohe, allgemein hellenische Stellung der Göttin im Epos angesichts der Bedeutungslosigkeit Athens in alter Zeit. „Die von Athen" konnte unmöglich in so früher Zeit ihre beherrschende Stellung erobert haben, wohl aber die alte vorgriechische, kretische, schildtragende Göttin, welche dem indogermanischen Himmels- und Wettergott zur Seite trat, so daß beide eine untrennbare Einheit darstellten [1]). Aus diesem Grunde eignet der höhere Grad an Wahrscheinlichkeit der Annahme der Priorität der Göttin gegenüber der Stadt, deren Zuweisung an die theophoren Namen sich jedoch aus den angeführten formalen Gründen nicht mit Sicherheit vollziehen läßt.

Von den anderen Städten namens 'Αϑῆναι wäre der nach einem Atheneheiligtum benannte pontische Küstenort der einzige, der als

1) Wilamowitz, Athene, Sb. Berl. Ak. 1921, 950/65; Kern I 186.

wirkliche Parallele in Betracht käme; er ist allerdings ausgesprochen spät bezeugt. Er liegt im Bereich milesischer Kolonien und dürfte seinen Namen wenigstens indirekt der Hauptstadt des attischen Reiches verdanken.

Athenai Diades auf Euböa ist ein seit dem 5. Jahrhundert bezeugtes κτίσμα 'Αθηναίων (Str. 10, 446), nach einer bei Eusebius erhaltenen Überlieferung schon von Kekrops gegründet, ,,Cecrops in Euboea Athenas, quas et Diades, condidit, quam Euboioi Orchomenon appellaverunt", Euseb. b. Hieron.[1]). Athenai in Akarnanien ist nach Stephanos ebenfalls eine Gründung der Athener.

Schließlich kennt die Überlieferung noch eine alte Stadt 'Αθῆναι am Bache Triton südlich vom Kopaissee in Böotien.

Str. 9, 407 ... ἐν οἷς οἱ μὲν τὸν 'Ορχομενὸν· οἰκεῖσθαι τὸν ἀρχαῖον ὑπελάμβανον, οἱ δ᾽ 'Ελευσῖνα καὶ 'Αθήνας παρὰ τὸν Τρίτωνα ποταμόν · λέγεται [δ᾽ οἰκίσαι] Κέκροπα ... (Es handelt sich um die bei der Entwässerung des Kopaissees wiederentdeckten alten Städte.)

Paus. 9, 24, 2 λέγουσι δὲ οἱ Βοιωτοὶ καὶ πολίσματα ἄλλα πρὸς τῇ λίμνῃ ποτέ, 'Αθήνας καὶ 'Ελευσῖνα, οἰκεῖσθαι, καὶ ὡς ὥρα χειμῶνος ἐπικλύσασα ἠφάνισεν αὐτὰ ἡ λίμνη.

St. B. ὀγδόη Βοιωτίας, ἡ ἐκ τῆς λίμνης ἀναφανεῖσα μετὰ τὸ πρότερον ἐπικλυσθῆναι τῆς Κωπαΐδος, ὅτε Κράτης αὐτὴν διετάφρευσεν. ἐκλήθη δὲ ἡ πόλις, ὥς τινες μέν φασιν, 'Αθῆναι, ἄλλοι δὲ 'Ορχομενός, ὡς οἱ Βοιωτοί.

Gemeinsame Quelle ist wahrscheinlich Apollodors Kommentar zum Schiffskatalog, Noack, Ath. Mitt. 19 (1894), 415 f.

Bursian I 148, Usener, Götternamen 237, Hitzig-Blümner, Pausanias, zu 9, 24, 2 (Bd. III 464) referieren die Tradition ohne Kritik an der Existenz dieser Stadt, Noack verteidigt sie[2]), Oberhummer, RE II 2022, führt 'Αθῆναι als ,,alte Stadt Böotiens" auf, ebenso Philippson, RE V 2338, die nach Str. u. Paus. Athenai benachbarte alte Stadt Eleusis[3]); Sittig 26 bucht Athenai in Böotien als Beleg für das Alter des böotischen Athenekultes[4]).

1) Chron. II 26, 27; die griech. christl. Schriftsteller der ersten drei Jahrhunderte VII, 1, S. 42.
2) A. a. O. S. 417: ,,Dann bleibt also die Überlieferung zu Recht bestehen, daß am Südufer des Sees einmal zwei Städte Eleusis und Athenai gelegen haben."
3) ,,Uralte Stadt am Südufer des Kopaissees in Böotien, in der Nähe einer anderen, Athene genannten Stadt, am Tritonflusse, blühte vermutlich gleichzeitig mit dem minyschen Orchomenos, aber in der mykenischen Epoche" (!).
4) ,,In eadem quoque terra (sc. Böotien) oppidum antiquissimum (!) erat

Zunächst fällt auf, daß Kekrops als Gründer und Orchomenos als Parallelname in der angeführten Tradition über Athenai Diades wiederkehren; die Prioritätsfrage ist hier nicht wesentlich, die Anknüpfung an Kekrops ist in Böotien offensichtlich sekundär, andrerseits ist es möglich, daß die Erwähnung von Orchomenos aus der Tradition über die böotische Stadt in diejenige über die euböische eingedrungen ist. Im ganzen möchte ich auf Grund der Überlieferungen behaupten, daß es alte, untergegangene und wieder aufgetauchte Städte des Namens Athen und Eleusis am Kopaissee nicht gegeben hat. Gegen die Existenz von alten böotischen Städten dieses Namens sprechen neben ihren merkwürdigen Schicksalen im besonderen

1. die Zusammenstellung Athen und Eleusis,
2. Kekrops als Gründer,
3. der sekundäre Charakter des Namens Triton.

Die Tradition von den beiden alten Kekropsstädten am Kopaissee könnte, wie die von der Gründung von Athenai Diades unweit Dion auf Euböa durch Kekrops, im Dienste attischer Besitzansprüche entstanden sein; das kommt für Böotien nicht in Frage, vielmehr scheint die Tradition einer Tendenz des böotischen Lokalpatriotismus, speziell der Priester von Alalkomenai (unweit der Mündung des „Triton" in den Kopaissee) zu entstammen, der Tendenz, die Priorität des eigenen Athenekultes gegenüber dem überlegenen attischen Konkurrenten zu behaupten.

Der gleichen Tendenz verdankt der Bach Triton als angebliche Geburtsstätte der Τριτογένεια seinen Namen. Die Epiklese Τριτογένεια enthält von Haus aus keine Beziehung auf einen Ort, sondern bedeutet (unter Absehung von den anderen antiken und modernen Deutungen) ziemlich sicher, wie Kretschmer, Glotta X (1920) S. 38—45, dargelegt hat, die „rechtbürtige", „aus edlem Geschlechte stammende"; die τριτοπάτορες sind diejenigen, die Ahnen bis ins dritte Glied nachweisen können, die analoge Bildung im Lateinischen liegt in „tritavus" vor. Die epische Längung des Jota in Τριτογένεια ist metrisch bedingt. Einen Fluß Τρίτων gab es bekanntlich auch in Libyen (Τρίτων ποταμός, ἡ Τριτωνῖτις λίμνη, ἡ Παλλὰς λίμνη Ptol. 4, 3, 6), ferner in Thessalien (Schol. Ap. Rhod. 1, 109) und auf Kreta, Diod. 5, 72, 3 μυθολογοῦσι δὲ καὶ τὴν Ἀθηνᾶν κατὰ situm, cui nomen fuisse Athenas Pausanias auctor erat (9, 24, cf. Strab. 9, 407, Steph. Byz.)".

τὴν Κρήτην ἐκ Διὸς ἐν ταῖς πηγαῖς τοῦ Τρίτωνος ποταμοῦ γεννηθῆναι · διὸ καὶ Τριτογένειαν ὀνομασθῆναι. Das Rezept beschreibt in klassischer Weise Paus. 8, 26, 6: die Bewohner von Aliphera im westlichen Arkadien Διός τε ἱδρύσαντο Λεχεάτου βωμὸν ἅτε ἐνταῦθα τὴν Ἀθηνᾶν τεκόντος, καὶ κρήνην καλοῦσι Τριτωνίδα, τὸν ἐπὶ τῷ ποταμῷ Τρίτωνι οἰκειούμενοι λόγον. Als theophor sind die mit Τριτο- zusammengesetzten Ortsnamen, wo sie etwa unabhängig von der Τριτογένεια entstanden sein könnten, nicht zu erweisen.

Nach Alalkomenai am „Triton", wo Athene alten Kult hat, heißt sie Ἀλαλκομενηΐς; es besteht kein Grund, die Richtigkeit dieser antiken Auffassung (Str. 9, 413 u. a.) in Zweifel zu ziehen. Nach Athene Alalkomeneïs heißt

Ἀλαλκομένιον Berg Attika Schol. Il. 4, 8;

eine Ἀλαλκομενείας πηγή nennt Paus. 8, 12, 7 bei Πτόλις (früher Mantinea) in Arkadien.

Nach Usener 238 verdankt Alalkomenai seinen Namen den Sondergöttinnen Ἀλαλκόμεναι, nach Kretschmer 420 einer Athene Ἀλαλκομένη, so auch Eijkman (1929) 20, nach Sittig 26 dem Heros Ἀλαλκομενεύς bzw. Ἀλαλκομένης und dessen Gattin, der die Göttin Athene gleichgesetzt worden ist.

Den attischen Berg sowie die arkadische Quelle der Athene Alalkomeneïs zu nehmen und den Ἀλαλκόμεναι zu geben (Usener 236 f.), heißt, dem Unsicheren vor dem Erwiesenen den Vorzug geben; Athene hat sich in Attika und Arkadien (vgl. die Phylen) als Göttin durchgesetzt, während die Annahme attischer und arkadischer Sondergöttinnen Ἀλαλκόμεναι neben den angenommenen böotischen eine Unbekannte durch zwei weitere zu erklären versucht. Dann beruft sich Usener auf die weiteren Orte

Ἀλαλκομεναί St. d. Deuriopen in Pelagonien a. Erigon Str. 7, 327.
Ἀλαλκομεναί St. Ithaka Plut. qu. gr. 43, 301 D, Str. 7, 456 f.
St. B. schreibt für beide Ἀλκομεναί.

Auch hier ist es mißlich, mit Usener überall die mysteriösen Ἀλαλκόμεναι als namengebende Instanzen vorauszusetzen; Abhängigkeit von den böotischen wäre wohl kaum anzunehmen. Schließlich beruft sich Usener für seine theophore Interpretation auf den Bach Triton und die Stadt Athenai in Böotien; diese sind durchaus geeignet, das Gegenteil zu bekräftigen.

Zu der von Kretschmer postulierten Alalkomene bemerkt Wilamowitz II 334 Anm. 2: „Eine Alalkomene ist bare Erfindung, Ἀλαλκομενηΐς wird danebengestellt, gleich als ob sie den Einfall nicht widerlegte."

Daraus, daß einmal ein Zeus Ἀλαλκομενεύς erwähnt wird, folgt nicht, daß dieser Ἀλαλκομενεύς mehr wie den öfter genannten, üblichen eponymen Stadtheros darstellt.

Wie bereits in der Einleitung ausgeführt wurde, ist es eine durchaus diskutierbare methodische Frage, ob man mit Usener, Kretschmer und Gruppe versuchen soll, die Ortsnamen soweit wie möglich theophor zu interpretieren, oder umgekehrt, ob man erst dann zu einer solchen Erklärung greifen soll, wenn die natürliche, die Bedingungen der umgebenden Natur wie den Vorgang der Entstehung berücksichtigende Deutung völlig unzureichend ist. Im vorliegenden Falle ist weder in Böotien noch in Attika und Arkadien, weder auf Ithaka noch am Erigon die Sonderexistenz eines Ἀλαλκομένης oder einer Ἀλαλκομένη wahrscheinlich zu machen oder gar zu belegen; dagegen ist in Attika und Arkadien sehr wohl Athene Ἀλαλκομενηΐς als Schöpferin der Namen zu verstehen, während für Ἀλαλκομεναι bzw. Ἀλκομεναί die natürliche Erklärung als „abwehrende", „Schutz gewährende" am nächsten liegt, da sie am wenigsten mit unbewiesenen Voraussetzungen belastet ist; Fick, AO 23 (1897) S. 190, stellt Ἀλκομεναί (vgl. St. B.) in Epirus und auf Ithaka zu ἀλαλκεῖν, ἀλκεῖν; hinsichtlich des Fehlens der Reduplikation vergleicht er AO 25 (1899) S. 120 epeirotisch γνώσκω = γιγνώσκω. Die von Usener betonte pluralische Form und Oxytonierung beweist nichts für speziell theophoren Charakter; beide Merkmale eignen dem Ortsnamen als solchem.

Παλλήνη in Attika auf Παλλάς oder einen männlichen Πάλλας zurückzuführen (Wilamowitz I 236, Eijkman 22), muß angesichts der nichtgriechischen Endung sowie der gleichnamigen Halbinsel der Chalkidike und Stadt in Thrakien nicht geringen Bedenken begegnen. Zweifelhaft bleibt ferner der von Kretschmer 419 angenommene theophore Charakter des Namens der Stadt Ἀλέα bei Stymphalos in Arkadien; theophore Personennamen der Ἀλέα fehlen (Sittig 28), in Thessalien gab es ebenfalls eine Stadt Ἀλέα, St. B. Die Phyle Ἐπαλέα (bzw. ἐπ' Ἀλέᾳ) in Mantinea IG V 2, 271; 1 (4. Jahrhundert), kann sich auf den Ort beziehen, könnte allerdings auch, inmitten einer Ὁπλοδμία, Ποσοιδαία, Ἐνναλία und Ϝανακισία, nach Ἀθηνᾶ Ἀλέα heißen, vgl. die Phylen Ἀθανεᾶτις in Tegea und Παναθαναία in Megalopolis, sicher ist es nicht.

50

Von Athene *Βούδεια* (Lykophron 359), der „Rinderanschirrenden", leiten Kretschmer 419, Fick, AO 22, 235, *Βούδειον* (-α) in Thessalien (Il. 16, 572) ab; das Verhältnis kann ebensogut umgekehrt beschaffen sein. *Βούδειον* liegt vielleicht eine ältere, durch Volksetymologie gedeutete Form zugrunde, die in dem IG XII 9, 244 A 4. 27; 249 A 4, B 113. 150. 452 u. ö. in den Katalogen der eretrischen Bürger in der Form *Βουδιόθεν* erscheinenden Demos vorliegt. Primäre Herleitung von einem Götternamen oder -beinamen bleibt fraglich; Athene *Βούδεια* und vielleicht Athene *'Αλέα* können ebenso nach ihrer Kultstätte benannt sein wie die *'Ιτωνία* und *'Αλαλκομενηΐς.*

Schließlich sei noch die in dem attischen Demos Phlya bezeugte *Τιθρωνὴ 'Αθηνᾶ* erwähnt, Paus. 1, 31, 4, auf welche Eijkman 23 *Τιθρώνιον*, Stadt in Phokis Paus. 10, 33, 12 zurückführen will. Neben *Τιθρώνιον* existieren die Formen *Τεθρώνιον*, *Τειθρώνιον*, Tithrone; sogar der am stärksten zu theophorer Erklärung neigende Gruppe äußert sich zurückhaltend, S. 95: „Tithronion, dessen Name in der Athene Tithrone in Phlya wieder erscheint." ◖

'Απόλλων.

Φοιβία	*πόλις Σικυωνίων*	Paus. 9, 15, 4.
'Απολλωνία (-άς)	Phokis, früher *Κυπάρισσος*	St. B., Schol. Il. 2, 519.
'Απολλωνία	Ätolien IG XI 2, 205, 34;	Liv. 28, 8, 9 castellum.
'Απολλωνία	auf einer der Echinaden vor Akarnanien St. B.	
'Απολλωνία	Illyrien	Thuk. 1, 26, Str. 7, 316
'Απελλωνία	Kreta, bei Knossos SGDI 5015, 5016, St. B. 6.	
'Απολλωνία	Kreta, westl. von Lamon Stad. 327 f.	
'Απολλωνία	Siphnos	St. B.
'Απολλωνία	Makedonien, *Μυγδονία*	Skyl. 66.
'Απολλωνία	Chalkidike Xen. Hell. 5, 2, 11, Dem. 9, 26, St. B.	
Apollonia	*'Ακτή*, am Athos	Plin. 4, 37.
'Απολλωνία	Mak., zw. *Γαληψός* u. *Οἰσύμη* Str. 7, 331 fr. 33.	
'Απολλωνία	Thrakien, am Pontus Her. 4, 90, Skymn. 730/3,	
		Str. 7, 319.
'Απολλωνία	Mysien, am *'Ρύνδακος* Milet I, 3, 155; Str. 12, 575.	
'Απολλωνιᾶτις λίμνη ebd.		Str. 12, 575.
Apollonia	Troas, „Assos, eadem Apollonia" Plin. 5, 123.	

'Απολλωνία   Mysien, Τευθρανία Xen. An. 7, 8, 15, Str. 13, 625.
'Απόλλωνος ἱερόν Lydien [1]). Apollonhieritae Plin. 5, 111; Hierokl.
                 670, 8.
'Απολλωνία (άς) Karien, am Salbakos Ptol. 5, 2, 15; Hierokl. 689, 2.
'Απόλλωνος αὐλαί Karien, χωρίον, Damascius βίος 'Ισιδώρου 117.
'Απολλωνία   Lykien, nördlich von Aperlai Heb.-Kal. S. 17 f.,
                 nr. 57 f.
'Απολλωνία   Syrien, bei Apameia   Str. 16, 752. St. B. 20.
'Απολλωνία   Mesopotamien   St. B.
'Απολλωνία   Assyrien   Pol. 5, 52.
'Απολλωνιᾶτις   Landschaft ebd. Pol. 5, 43 f., Str. 11, 524 . . .
'Απολλωνία   Κοίλη Συρία   St. B.
'Απολλωνία   Palästina Jos. arch. 13, 395, b. Ind. 1, 166, Plin.
                 5, 69.
Apollonium   Unterägypten Ravennas   Anon. III 2, 130, 10.
Apollonia   Nildelta Ravennas   Anon. III 2, 132, 21.
'Απόλλωνος πόλις μικρά Thebais, Ὑψηλίτης νομός St. B., Hier. 731, 3.
'Απόλλωνος πόλις μικρά Oberäg., Κοπτίτης νομός Str. 17, 815.
'Απόλλωνος πόλις μεγάλη Oberägypten Str. 17, 817.
oppidum Apollinis Äthiopien   Plin. 6, 189, St. B. 3 (?)
'Απολλωνιά   πόλις Λιβύης   St. B. 4.
'Απολλωνία   Kyrenaika   Str. 17, 837.

1) Die von St. B. 1 genannten lydische Stadt κατὰ Θυάτειρα καὶ ῎Εφεσον ist
wahrscheinlich identisch mit der nach der Königin 'Απολλωνίς, der Mutter
Eumenes II. und Attalos II. von Pergamon, benannten, westlich von Θυάτειρα
gelegenen Stadt 'Απολλωνίς in Lydien; St. B. ι und ιζ' sind wahrscheinlich
Doubletten; identisch ist 'Απολλώνης Hierokl. 671, 4, Apollonidea CIL 10,
1624, 10, Hirschfeld, RE Apollonis. Nach der Königin 'Απολλωνίς heißt ferner
der attische Demos 'Απολλωνιεῖς in der 'Ατταλὶς φυλή und vermutlich auch
'Απολλωνιάς in Pisidien, Str. 12, 576, St. B. 'Απολλωνία ιζ Πισιδίας, ἡ πρότερον
Μορδιαῖον = ιη Φρυγίας, ἡ πάλαι Μάργιον, vgl. Tscherikower 37.
   Sollte allerdings Σωζόπολις in Pisidien Hierokl. 673, 1 späterer Name für
Apollonia sein, wie auch für Apollonia am Pontus und Σώζουσα für Apollonia
bei Kyrene und in Palästina (s. u.), dann scheint wenigstens in späterer Zeit
Apollonia in Pisidien als zum Gott Apollon gehörig empfunden zu sein. Ruge,
RE III A 1256 (Σωζόπολις) sieht Apollonia und Sozopolis als verschiedene
Orte an. Nach Sundwall 254 (zuza), Weinreich RE III A 1255 steckt in dem
Namen Sozopolis in Pisidien und Pamphylien sowie in Σωζόπετρα in Kilikien
der lykisch-pisidische Gott Σώζων.
   Den Namen Apollonia führte in hellenistischer Zeit Tripolis in Lydien,
Münzen, CGC Lydia, S. 363, 'Απολλωνιατων. Er ist ebenfalls pergamenisch,
Tscherikower 26.

'Απολλωνία Sizilien, östl. von Himera Diod. 16, 72; 20, 56; Cic.
Verr. 3, 49.
Φοιβία Neugründung von Rhegion Str. 6, 258.
'Απολλωνία νῆσος = Θυνιάς Pontus, Bithynien Plin. 6, 32, Arr. p.
P. Eux. 18, später Δαφνουσία, Δάφνη.
'Απολλωνία νῆσος πρὸς τῇ Λυκία St. B. 21.
'Απόλλωνος νῆσος ἐν Λιβύῃ St. B.
'Απολλωνία ältere Phyle Megalopolis IG V 2, 451 (3. Jhd. v. Chr.).
'Απολλωνιατῶν φυλή jüngere Ph. ebd. IG V 2, 452 (2. Jhd. n. Chr.).
'Απολλωνιᾶτις Phyle Tegea IG V 2, 38, 28; 173, 8; 174, 1 (4. Jhd.),
Paus. 8, 53, 6.
'Απολλωνιᾶτις Phyle Demetrias (Magnesia) IG IX 2, 1174.
(φυλὴ) 'Απόλλωνίς Hadrianopolis (Bith.) CIG 3802 (134/5 n. Chr.)).
'Απολλωνιάς Phyle Dorylaion GGA 159 (1897), 399.
'Απολλωνιάς Phyle Magnesia a. M. Kern 4.
'Απολλωνίς Phyle Nysa a. M. Anz. Akad. Wien 1893, S. 93.
'Απολλωνίς Phyle Laodikeia a. Lykos Ramsay Cit. 74 nr. 7.
'Απολλωνιάς Phyle Kadyanda Heb.-Kal. S. 56 nr. 81.
φυλὰ 'Απόλλωνος Telos IG XII 3, 38.
'Απολλωνιακόν Bergwerksgelände Attika IG II 782, 16.
'Απόλλωνος ὕδρευμα Oase Oberägypten Plin. 6, 102.
Apollonis Libystini refugium Siz., SO It. Ant. 96, 3, Macrob. 17, 24.
Apollinis promunturium zw. Utika u. Hippo Diarrhytos Liv. 30, 24;
Str. 17, 382 'Απολλώνιον.
'Απόλλωνος ἱερόν zw. Hippo Diarrhytos u. Thabrake Ptol. 4, 3, 2.
Apollonis promunturium Mauret. Caes. Plin. 5, 20. Ptol. 4, 2, 2.
Φοίβου ἄκρα Mauretania Tingitana Ptol. 4, 1, 3.
  Apollonia an der Westküste des Schwarzen Meeres ist um 600
v. Chr. (50 Jahre vor Kyros, Skymn.) von Milesiern gegründet.
Apollon war Hauptgott von Milet, vornehmlich als ·Διδυμαῖος und
Δελφίνιος. Die milesischen Kolonien am Hellespont und an der Pro-
pontis sind entstanden καθηγησαμένου τῆς στρατείας 'Απόλλωνος
Διδυμέως, Apollonia am Rhyndakos ist ἀποικίς [1]) von Milet, Münzen
sind vom 5. Jahrhundert ab erhalten, CGC of Mysia S. 8 ff. Apol-
lonia in Mysien unweit Pergamon (Strabon; Plin. 5, 126) wird von
Xenophon für die Zeit um 400 erwähnt und wird wohl älter sein. Für
das Alter von Apollonia in Karien und in Lykien (im Inneren, nörd-

1) Milet, Bd. I Heft III, Das Delphinion in Milet Nr. 155, Z. 17. Z. 11. Die
Inschrift gehört dem 2. Jahrhundert v. Chr. an.

lich von Aperlai, östlich von Isinda, westlich von Simena, Heb.-Kal.), sowie für die Insel vor Lykien existiert kein Anhaltspunkt [1]). Neben den Städtenamen verdienen die nach Apollon genannten Phylen auf Telos, in Kadyanda in Lykien (neben Helios), Nysa (neben Athene) und Laodikeia (neben Athene) Beachtung. Auf Rhodos gibt es heute einen Ort Apollona, Roß III 112 f. Die Gegend um Kurion auf Cypern, wo sich ein Apollontempel befand, heißt noch heute beim Volk Apello.

Apollonia am Thrakischen Meer liegt zwischen Galepsos und Oisyme. Diese beiden sind $Θασίων$ $ἀποικίαι$ Thuk. 4, 107. Apollonia wird nicht ausdrücklich als thasische Kolonie bezeichnet, liegt jedoch im Bereich der thasischen Kolonien und gehört somit vermutlich zu den von Skyl. 67 erwähnten Handelsniederlassungen der Thasier: $Εἰσὶ$ $δὲ$ $ἐν$ $Θρᾴκῃ$ $πόλεις$ $Ἑλληνίδες$ $αἴδε$ · $Ἀμφίπολις$ $Φάγρης$ $Γαληψὸς$ $Οἰσύμη$ $καὶ$ $ἄλλα$ $ἐμπόρια$ $Θασίων$. Apollonkult ist auf Thasos nachzuweisen (IG XII 8, 263. 268 u. ö., vgl. Bilabel 190). Daher möchte ich Apollonia für eine thasische Gründung halten; auf die Namengebung wird über Paros Delos entscheidend eingewirkt haben; sicher hat der delische Apollon Apollonia auf der ionischen Kyklade Siphnos erwirkt.

Die im olynthischen Krieg 382 v. Chr. hervortretende Stadt Apollonia auf der Chalkidike wird von Stephanos als ionisch bezeichnet ($τῶν$ $ἐπὶ$ $Θρᾴκης$ $Ἰώνων$, $ἣν$ $Δημοσθένης$ $φησίν$); wie die vorhergenannten ist sie also ionisch, wahrscheinlich chalkidisch (Bilabel 247), wie indirekt auch Apollonia in Mygdonien südlich des Sees Bolbe (Skyl. $Ἀπολλωνία$ $Ἑλληνίς$), wo Perdikkas II. den auf sein Geheiß flüchtigen Chalkidiern Wohnsitze gab (Thuk. 1, 58, Hirschfeld, RE II 114).

Auf die chalkidische Kolonisation im Westen, bei der Apollon als $ἀρχηγέτης$ (Thuk. 6, 3) eine führende Stellung innehatte, möchte ich Apollonia im Norden Siziliens zurückführen. Diodor bezeugt sie für das 4. Jahrhundert, die Stadt wird demnach älter sein. Sie liegt östlich von Himera, in dem Bereich zwischen Mylai und Himera, welche beide von der chalkidischen Kolonie Zankle aus besiedelt wurden. Dionysius II. stellte einen Teil des von seinem Vater zerstörten Rhegion unter dem Namen $Φοιβία$ wieder her.

---

1) Die Münzen mit der Aufschrift $Απολλωνιατων$ $Λυκιων$ gehören zu Apollonia in Pisidien, Head 576.

Ἀπολλωνία ἡ ἐν Ἰωνίῳ κόλπῳ (Her. 9, 92) ist eine kerkyräisch-korinthische Gründung aus der Zeit Perianders (vgl. Plutarch, De ser. num. vind. 7, 552 E). Auf Grund von Skymn. 439/43

Οἷς πλησιόχωρός ἐστιν Ἀπολλωνία,
Κορκυραίων τε καὶ Κορινθίων κτίσις,
Ἑλληνὶς Ὠρικός τε παράλιος πόλις·
ἐξ Ἰλίου γὰρ ἐπανάγοντες Εὐβοεῖς
κτίζουσι, κατενεχθέντες ὑπὸ τῶν πνευμάτων

vermutet Gruppe 359, daß Apollonia gleich dem benachbarten, ebenfalls dem Apollon heiligen Orikos [1]) ursprünglich euböische Gründung sei, der Stadtname somit auf den Apollon Archegetes der Chalkidier zurückzuführen sei; bei der kerkyräisch-korinthischen Besiedlung würde es sich dann um eine Neugründnng unter Beibehaltung des alten Namens handeln.

Das Epigramm auf dem von Myrons Sohn Lykios gefertigten Weihegeschenk der Apolloniaten zu Olympia nennt Phoibos als Oikisten, Paus. 5, 22, 3.

μνάματ' Ἀπολλωνίας ἀνακείμεθα, τὰν ἐπὶ πόντῳ
Ἰονίῳ Φοῖβος ᾦκισ' ἀκερσεκόμας . . .

Aus Korinth stammt der Helioskult in Apollonia, dem ἱρὰ ἡλίου πρόβατα (Her.) eigen waren; Helios war Hauptgott in Korinth, hatte dort reichen Kult, erscheint vielfach auf den Münzen; wie alt die Identifkation mit Apoll ist, bleibt unsicher. Stephanos nennt Ἡλίου πόλις als Namen Korinths.

Übrigens ist unbedingt damit zu rechnen, daß Kolonisation und Namengebung sich unter delphischem Rat und Einfluß vollzogen. Auf den delphischen Apollon gehen offensichtlich die wenigen von Apollon abgeleiteten Ortsnamen des Mutterlandes zurück, ihre geographische Anordnung spricht deutlich dafür: Ἀπολλωνία auf einer der Echinaden — es gab ferner eine Insel Ἀρτεμίτα und Διονυσία unter den Echinaden und eine Λητώα vor Kephellenia, die Einwirkung Delphis ist somit unverkennbar —, Ἀπολλωνία bzw. -ιάς als späterer Name des phokischen Κυπάρισσος, die ätolische Ortschaft Ἀπολλωνία [2]), nahe der Grenze der ozolischen Lokrer im Gebiet der

---

1) Head 266, Münze mit Apollonkopf. Vielleicht ist Schol. Nic. Theriaka 516 heranzuziehen: Ὤρικος ,Ἀπόλλωνος πόλις ἐστίν, ἣν ἐπωνόμασεν Ὤρικον. ἐν δὲ Κρήτῃ (sonst unbekannt, wohl Irrtum) δέ ἐστι, καὶ πολλὴ πύξος αὐτόθι γίνεται.

2) Auf einer Inschrift aus dem zum ätolischen Bund gehörigen Μελίτεια in der Phthiotis aus dem Anfang des 2. Jahrhunderts erscheint ein Λύσωπος Ἀπολ-

Ἀποδωτοί gelegen, schließlich Φοιβία, πόλις Σικυωνίων, welche Epaminondas 362 eroberte (die Lage ist umstritten, Bursian II 32, Hitzig-Blümner zu Paus. 9, 15, 4).

Auf Kreta verzeichnet Stephanos Ἀπολλωνία als Namen von Kydonia und Eleutherna [1]), weiterhin gab es zwei Städte des Namens, eine an der Südwestküste zwischen Lamon und Phoinix, eine andere an der Nordküste zwischen Μάτιον und Κύταιον (Plin. 4, 59, Ptol. 3, 15, 5) nahe bei Knossos, für welche inschriftlich (s. o. S. 65) die Form Ἀπελλωνία [2]) bezeugt wird.

Alter Apollonkult findet sich auf Kreta nicht; Ἀπόλλων Πύτιος (Ποίτιος) ist über die ganze Insel verbreitet, die Stadtmitte von Gortyn heißt nach seinem Heiligtum Πύτιον SGDI 5016, 20, St. B. Πύθιον · τὸ πάλαι μεσαίτατον τῆς ἐν Κρήτῃ Γόρτυνος; den dorischen Ἀπόλλων Καρνεῖος bezeugen nur Monatsnamen in Knossos und Gortyn, der lakonische (vordorische) Ἀμυκλαῖος findet sich in Gortyn und Amyklaion (W. Aly, Der kretische Apollonkult, S. 8—13). Größere Bedeutung hat der hauptsächlich bei den Ioniern verehrte

---

Ἰωνιεύς IG XI 2, 205, 34. Ditt. Syll. II ² 425 denkt eher an Apollonia auf den Echinaden. Doch vgl. den folgenden Namen Λύκος Ἐρυθραῖος aus Ἐρυθραί im ozolischen Lokris am korinthischen Golf (Liv. 28, 8, 9). Thuk. 3, 96 erwähnt bei der Schilderung der Eroberung der festen Ortschaften Ἀπολλωνία nicht, dagegen Ποτιδανία, Κροκύλειον und Τείχιον im Apodoterlande.

1) St. B. κγʹ Κρήτης, ἡ πάλαι Ἐλεύθερνα, Λίνου πατρίς, ἐκ ταύτης ὁ φυσικὸς Διογένης (im übrigen unbelegt). Apollon war πολιοῦχος von Eleutherna, Münzen aus dem 4. und 3. Jahrhundert mit der „κεφαλὴ Ἀπόλλωνος δαφνοστεφής" Head-Svoronos I 586 f.; Bursian II 554.

St. B. Κυδωνία, πόλις Κρήτης, ἡ πρότερον (!?) Ἀπολλωνία. Ob es sich um rein poetische oder tatsächlich angewandte oder gar zu einer bestimmten Zeit herrschend gewordene Parallelnamen handelt, läßt sich nicht ausmachen.

2) Die Inschrift, den Streit zwischen Knossos und Gortyn um Apellonia betreffend, bezieht Bürchner, RE 11, 1812 (Art. Kreta) auf die südliche Stadt, Blaß a. a. O. auf die πρὸς τῇ Κνωσσῷ (St. B.). Die zweite verdient den Vorzug: Apollonia bei Lamon liegt jenseits des Idagebirges im Westen an der südlichen Küste der Insel, von Knossos und Gortyn weit entfernt; die Stadt wird nur im Stadiasmos erwähnt, große Bedeutung scheint sie nicht gehabt zu haben. Das Gebiet von Apollonia an der Nordküste war von Gortyn aus durch die mittelkretische Ebene leicht zu erreichen und war in der Auseinandersetzung mit der Rivalin Knossos nicht ohne Bedeutung. Welche Ἀπολλωνία die Kydoniaten Pol. 28, 14 (27, 16) überfielen, ist ebenso eine offene Frage. Sie verbünden sich darauf mit Eumenes von Pergamon gegen die Gortynier, demnach könnte der Kampf die südliche Stadt betreffen; doch gegen Kydonia haben schon vorher Gortyn und Knossos gemeinsam gekämpft, Liv. 37, 60, und Kydonia liegt wie Apollonia bei Knossos an der Nordküste.

(s. u.) Delphinios als Δελφίδιος; das Suffix -ίδιος ist auf Kreta verhältnismäßig häufig (Aly S. 23). Apollon Delphinios wird in Olus, Dreros und Knossos verehrt; hier gab es ein in den Inschriften mehrfach genanntes ἱαρὸν τῶ Ἀπέλλωνος τῶ Δελφιδίω SGDI 5073, 24; 5075, 50 u. ö.

Über das Alter der Ortsnamen Apellonia und Apollonia läßt sich nichts aussagen, sie sind nicht früh bezeugt. Hinsichtlich des Anstoßes zur Namengebung kann Sicheres nicht erschlossen werden. Die Form des Gottesnamens in Ἀπελλωνία ist nach Fick, HD 9 dorisch; daraus lassen sich jedoch zwingende Schlüsse auf ursprünglich dorisch bestimmte Namengebung ebensowenig ziehen wie auf dorische Herkunft des Gottes selbst. Der dorische Apollonkult auf Kreta ist spät und spärlich, Ἀπέλλων ist überdies keine spezifisch dorische, sondern die ursprüngliche Form des Gottesnamens, neben den westgriechischen Dialekten erhalten im kyprischen Ἀπείλων, lykisch pilleñni = Ἀπόλλων Tit. Lyc. nr. 25 (Bilinguis aus Tlos) und lydisch hLdãns (= + pLdãn-š Danielsson zu den Lydischen Inschriften, Upsala 1917, S. 24/6), ferner in der überwiegenden Anzahl der theophoren Personennamen in Kleinasien und auf den ionischen Inseln; so heißt es stets Ἀπελλῆς mit ε; ferner kommen vor Ἀπελλίδωρος, Ἀπελλίδης, Ἀπελλίων u. a., Sittig 36—41. Apello auf Cypern kann nur achäisch sein; zwar werden als Gründer von Kurion Argiver angegeben, aber der Dialekt ist pelopisch-achäisch, und die Argiver müssen vordorisch gewesen sein. Die zweite Silbe in Ἀπόλλων kann durch Vokalassimilation verändert sein. Ramsay, JHS 48 (1928) Anatolica quaedam S. 47, vermutet in Ἀπέλλων eine Ableitung von der Stadt Aperlai in Lykien (vgl. S. 69 Apollonia nördlich von Aperlai), das ist ungewiß; jedenfalls betont auch er die lykisch-karische Herkunft des Gottes [1]), vgl. Horaz, Carm. 3, 4, 64 Delius et Patareus Apollo.

---

1) Zuerst behauptet von Wilamowitz, Hermes 38 (1903), von Nilsson akzeptiert (vgl. The Minoan-Mycenaean Religion, S. 443), im übrigen vielfach abgelehnt, u. a. von W. Aly a. a. O., Bethe, Antidoron für Wackernagel, 1923, S. 14 ff., zuletzt Kern I 110 f.; GGA 1935, Nr. 7, S. 264 (Besprechung von Wilamowitz, Gl. d. Hell.), der die alte, von K. Otfried Müller vertretene Deutung des Gottes als dorischen Hirtengott verteidigt unter Berufung auf Hesych ἀπέλλαι = σηκοί. Leo Weber, Apollon, Rh. Mus. 1933, 165 ff., 193 ff., vermutet Kreta als Ausgangspunkt des vorgriechischen Gottes. Die letzten Versuche indogermanischer Ableitung und Deutung des Gottesnamens referiert und ergänzt durch einen neuen Severin Solders, Der ursprüngliche Apollon, Arch. f.

Leider tragen die der Leto zugeschriebenen Ortsnamen nichts zur Aufklärung der strittigen Frage bei. Die Stadt Λατώς SGDI 5075/84 im Osten Kretas nahe der Nordküste kann nur mit geringem Rechte für die Göttin in Anspruch genommen werden. Der Nominativ lautet Λατώς, Λατῶ ist Genetiv, Blaß, SGDI III 2 S. 333, Fick, VO 30. Wilamowitz, Hermes 38 (1903) S. 583, Gl. d. Hell. I 324, und Nilsson 445 rechnen mit dem Nominativ Λατώ und fassen ihn theophor auf, nicht ohne begreiflicherweise weitgehende Folgerungen für karisch-kretische Beziehung daran zu knüpfen, z. B. Nilsson a. a. O. „The name of the Cretan town Lato is also quoted as a proof that she originally belonged to Crete. Consequently we find here once again a connexion between Crete and S.W. Asia Minor." Diese Folgerung steht auf schwachen Füßen. Λατώς ist eine vorgriechische Bildung wie Κέως, Τέως, Κόως, Λώς, Fick, VO 30, und ob in dem Stamm von Λατώς die Bedeutung γυνή zu suchen ist wie in Λητώ, die wahrscheinlich mit lyk. lada = γυνή [1]) verwandt ist, bleibt

Religionswiss. 32 (1935), S. 142 ff. Er knüpft ebenfalls an Hesych ἀπέλλαι = σηκοί an, denkt aber nicht, wie Kern, an Hürden, sondern an „Stein", Hesych πέλλα · λίθος, also Präfix ἀ (cop.) + πέλλα „Zaun, steinerne Einhegung".

1) Ramsay Cit. 91, 2; Wilamowitz, Hermes 38 (1903), 583, 3, Kretschmer, Glotta XIV 307, Nilsson 444; Personennamen besonders in Karien, Sittig 35 f. Derselbe Stamm „lada" liegt im Namen der karischen Insel Λάδη vor, nach Sundwall 131, vgl. Grasberger 18.
Λητώ ist eine alte lykisch-karische Göttin, in Phrygien als Mutter verehrt, Μητρὶ Λητοῖ Ramsay Cit. 146 Nr. 34, 153 Nr. 53; sie besitzt in Lykien ein großes Heiligtum am Xanthos (Λητῷον Str. 14, 665), Haine in Patara (App. Mithr. 27) und westlich vom Vorgebirge Artemision nahe der karischen Grenze (Str. 14, 651), ferner zu Physkos in Karien (Str. 14, 652).
Fick, VO 29 f., stellt Λατώς als vom gleichen Stamm gebildet zu Λατ-ώρεια, Λατ-μος und HD 18 Λάτυια πόλις, welche nur durch eine Inschrift aus Hypata in Südthessalien SGDI 1438 (3./2. Jahrhundert) bekannt ist. Kern 63 bringt sie mit Leto in Verbindung, das ist nicht sicher zu bestimmen, ebensowenig wie ihre Lage (Stählin, RE XII 986). Athen. 1, 31 d ᾿Αλκίφρων δ᾿ ὁ Μαιάνδριος περὶ τὴν ᾿Εφεσίαν φησὶν εἶναι ὀρείαν κώμην τὴν πρότερον μὲν καλουμένην Λητοῦς, νῦν δὲ Λατώρειαν ἀπὸ Λατωρείας ᾿Αμαζόνος. Die Zuweisung des Bergdorfes an Leto kann sekundär erfolgt sein, wie auch die der Stadt Λητή in Makedonien. Ptol. 3, 12, 33, Plin. 4, 36, St. B. Λητή, πόλις Μακεδονίας, ἀπὸ τοῦ πλησίον ἱδρυμένου Λητοῦς ἱεροῦ, ὡς Θεαγένης Μακεδονικοῖς. Leto und ihr Entführer Tityos sind auf einer Münze abgebildet, Panofka 1840, S. 370, Tafel IV 7. Der ähnlich wie die Göttin klingende „pelasgische" Ortsname (Fick, VO 104) ist nachträglich auf Leto bezogen.
Auf Leto bezieht Ramsay, JHS IV 376, die Flüsse Ληθαῖος auf Kreta, in Thessalien (Nebenfluß des Peneios) und Karien (Nebenfluß des Maiandros),

durchaus unsicher. Entsprechend werden die *Λατώσιοι* in Gortyn, SGDI 4982, nicht nach einem Tempel der Leto benannt sein (so Blaß a. a. O., Fick, VO 14), sondern in dem nach der Stadt *Λατώς* genannten Stadtviertel wohnen.

Selbständiger Kult ist für Leto auf Kreta nur in Phaistos bezeugt, dort hat sie Kult als *Φυτία* und ein Fest *'Εκδύσια* (Antoninus, Lib. 17, 6). „Leto Phytia ist wohl zu der am deutlichsten erkennbaren Göttin der mykenischen Zeit, der kretensischen Bergmutter zu stellen" (Nilsson Gr. F. 370). Vor Phaistos liegt

Λητῴα νῆσος von Kreta, Südwesten Ptol. 3, 15, 8,
   die Plin. 4, 61 Butoa heißt (Bursian II 569 Anm. 2);
   Βουτώ ist die mit Leto identifizierte ägyptische Göttin, Her. 2, 59. 156, ihr gehören
Λητωεύς   Demos Alexandria St. B.
Λητοῦς πόλις [1]) Unterägypten   Jos. arch. 2, 315.
Λητοῦς πόλις Dorf Fayûm Herakleides-Bezirk Pap. Tebtyn. II
   S. 387.

Im übrigen erscheint Leto auf Kreta nur zusammen mit ihren beiden Kindern, also innerhalb der delisch-delphischen Trias, so in den Schwurformeln SGDI 5075 (Latos), 4952 (Dreros).

Die Gründung Kyrenes von Thera aus geschah unter Apollons Führung, *'Απόλλων Καρνεῖος* wurde Hauptgott von Kyrene, die Quelle Kyre, an der Kyrene gegründet wurde und mit der der Stadtname zusammenhängt, wurde zur *'Απόλλωνος κράνα* Pind. Pyth. 4, 294, Her. 4, 158 [2]). Trotz der Stellung Apollons in der Kyrenaika ist die Behauptung von Beloch, Gr. Gesch. 1926 [2] I 2, 238, gewagt: „Von den übrigen Städten der Landschaft ist Apollonia, die Hafenstadt Kyrenes, ohne Zweifel um dieselbe Zeit wie dieses gegründet." Ob der Name Apollonia bis ins 7. Jahrhundert zurückgeht, ist nämlich durchaus zweifelhaft. Skyl. 108 schreibt dreimal

sicher verfehlt. Der Flußname ist zusammen mit dem Stadtnamen Magnesia nach Kleinasien und Kreta übertragen, Fick, VO 77. Kern I 88 faßt den Namen *Λήθαιος* als Bezeichnung von Totenflüssen auf (?).

1) *Λατόπολις* in der Thebais (Str. 17, 817) ist die Stadt des hier verehrten Latosfisches (*λάτος* Athen. 7, 88), F. Hommel, Ethnol. u. Geogr. d. Alten Orient, S. 806.

2) Malten, Kyrene 1911, S. 60, 69, Wilamowitz, Kyrene 1928, S. 6 ff. Die von Studniczka behauptete Benennung der Stadt nach der „thessalischen" Nymphe Kyrene ist von Malten widerlegt.

schlicht λιμὴν τῆς Κυρήνης [1]), Ἀπολλωνία fehlt bei ihm ebenso wie Ἀλεξάνδρεια und die Diadochenstädte. Ebenso fehlt Apollonia in der Schilderung der Unterwerfung Kyrenes durch Thibron 323 v. Chr. bei Diodor, der schlicht vom λιμήν spricht Diod. 18, 19, 4. Stephanos verzeichnet Ἀπολλωνία Λιβύης, ἡ Κυρήνη ἐκαλεῖτο. In alter Zeit scheint somit der Hafen offenbar keinen eigenen Namen gehabt zu haben, man nannte ihn λιμὴν τῆς Κυρήνης oder einfach Κυρήνη. So hieß etwa der Hafen der kretischen Stadt Λατώς wie die landeinwärts gelegene Stadt selber Λατώς mit dem Zusatz ἐπὶ Καμάρᾳ. Da anderweitige Zeugnisse für das Alter des Namens Apollonia nicht gefunden sind und die vorhandenen für das 4. Jahrhundert ihn auffallenderweise nicht kennen, haben wir nicht das Recht, ihn mit Beloch für sonderlich alt zu halten [2]).

Eine spezifisch dorische, ja überhaupt einheimisch-griechische, von Kleinasien, Delos (die ursprünglich karisch ist) und Delphi (wo der Gott Ankömmling ist) unabhängige Ortsnamengebung durch „Ἀπολλωνία" läßt sich somit bis tief ins 4. Jahrhundert hinein nicht nachweisen. Von den Städten des Namens Apollonia sind bis zum 4. Jahrhundert v. Chr. sicher bezeugt: die milesischen Kolonien am Pontus und am Rhyndakos sowie Apollonia in Teuthranien, die ionische Kolonie auf der Chalkidike, die ionisch-chalkidischen in Mygdonien und auf Sizilien (die vorhergenannte ist wahrscheinlich auch chalkidisch), ferner im engeren kerkyräisch-korinthischen Kolonisationsgebiet die illyrische Stadt, wo unter Umständen mit früherer, ebenfalls euböischer Besiedlung zu rechnen ist und überdies Delphi einwirkt; spezifisch dorisch ist der Name nicht.

Die mittelgriechischen Ortsnamen sind offensichtlich von Delphi her geprägt, die kretischen ohne Delos und Delphi nicht denkbar. Apollonia auf Siphnos und die thasische Kolonie, beide ionisch, weisen nach Delos. In Karien liegen Apollonia und Ἀπόλλωνος αὐλαί, in Lykien Binnenstadt und vor Lykien Insel Apollonia. Von den bis jetzt bekannten Phylen kleinasiatischer Städte und Inseln aus hellenistischer und römischer Zeit sind sieben nach Apollon genannt, es folgen Athene mit fünf (vorwiegend pergamenisch), „Zeus", Herakles und Artemis mit drei Phylen. Fünf der sieben Phylen liegen im Süd-

---

1) ἀπὸ δὲ Ναυσταθμοῦ εἰς λιμένα τὸν Κυρήνης στάδια ρ΄. Ἐκ δὲ τοῦ λιμένος εἰς Κυρήνην στάδια ὀγδοήκοντα . . . ἐκ δὲ λιμένος τῆς Κυρήνης . . .

2) In christlicher Zeit wurde die Stadt in Σώζουσα Hierokl. 732, 9 umbenannt, wie Apollonia in Palästina.

westen Kleinasiens: auf Telos vor Karien, in Nysa und Magnesia am Mäander, in Laodikeia an dessen Nebenfluß, und in Kadyanda in Lykien. So wird deutlich geworden sein, wo für Apollon das Ausstrahlungszentrum theophorer Ortsnamengebung liegt: im lykisch-karischen, kleinasiatisch- und inselionischen Bereich.

Für die Benennung der Städte Apollonia in Assyrien, Mesopotamien, Syrien und Koilesyrien wird nicht allein der Appian Syriaka 57 [1]) (s. o. S. 38 f.) ausgesprochene Grundsatz der Übertragung hellenischer, insbesondere makedonischer Städtenamen auf die Gründungen und Neugründungen der Seleukiden maßgebend gewesen sein, wie bei $\varDelta\tilde{\iota}o\nu$ in Koilesyrien und $\dot{H}\varrho\alpha\dot{\iota}\alpha$ in Syrien, wenn auch Makedonien mehrere Städte des Namens aufwies. Apollon gilt schon seit den Zeiten Seleukos I. Nikator als $\dot{\alpha}\varrho\chi\eta\gamma\acute{o}\varsigma$ des Seleukidenhauses Ditt. Or. 212, 13 f. (aus Thymbra, zu Lebzeiten Seleukos I.), ebd. 219, 16 f. (unter Antiochos I.). Die besondere Stellung des Seleukidenhauses zu Apollon ist nicht ohne Bedeutung gewesen; an sich treten die theophoren Ortsnamen im Seleukidenreich hinter den dynastischen fast völlig zurück, in dieser Beziehung vermag sich neben Apollon nur Herakles durchzusetzen. Die östlich vom Tigris gelegene Landschaft $\varSigma\iota\tau\tau\alpha\varkappa\eta\nu\acute{\eta}$ wird in $\dot{}A\pi o\lambda\lambda\omega\nu\iota\tilde{\alpha}\tau\iota\varsigma$ umbenannt (Str.), in ihr liegen $\dot{}A\pi o\lambda\lambda\omega\nu\dot{\iota}\alpha$ und $\dot{}A\varrho\tau\varepsilon\mu\dot{\iota}\tau\alpha$.

Apollonia in Palästina zwischen Cäsarea und Jaffa (Plin.) beruht auf der Identifikation des phönizischen Gottes Rešeph mit dem griechischen Apollon, welche durch zweisprachige kyprische Inschriften, eine von Edalion (CI Sem. I 89) und zwei von Tamassos (Euting, Sb. Berl. Ak. 1887, S. 115 ff.) belegt ist. Hier entspricht $\tau\omega$ $A\pi o\lambda\omega\nu\iota$ resp. $A\pi\varepsilon\iota\lambda\omega\nu\iota$ semitischem לרשף, in der erstgenannten (4. Jhd. v. Chr.)

$$\tau\omega\ A\pi o\lambda\lambda\omega\nu\iota\ \tau\omega\ A\mu\nu\varkappa\lambda o\iota\ ^2)$$

לרשף מכל

Nachfolgerin von Apollonia ist in byzantinischer Zeit wie in der Kyrenaika $\varSigma\dot{\omega}\zeta o\nu\sigma\alpha$ Hierokl. 719, 5 [3]).

1) Welche der vier genannten Städte Appian a. a. O. mit $\dot{}A\pi o\lambda\lambda\omega\nu\dot{\iota}\alpha$ im Auge hat, ist nicht zu entscheiden.

2) Den $\dot{}A\pi\acute{o}\lambda\lambda\omega\nu$ $\dot{}A\mu\nu\varkappa\lambda\alpha\tilde{\iota}o\varsigma$ haben vermutlich vordorische Lakonier mitgebracht. Gruppe 338 denkt an Spartaner. Foucart, BCH 7, 513, sieht in $A\mu\nu\varkappa\lambda o\iota$ Gräzisierung des phönizischen Namens Mikal מכל, sicher mit Unrecht. Apollon Amyklaios in Edalion auch auf Inschriften hellenistischer Zeit, Rev. arch. 1874, neue Serie XVII, 90.

3) Schürer, Gesch. d. jüd. Volkes II [3] S. 103 f., Tscherikower 78 f. abgeleitet von Apollon $\varSigma\omega\tau\acute{\eta}\varrho$.

In Ägypten ist Horos dem Apoll gleichgesetzt, Her. 2, 144. 156;
in Ἀπόλλωνος πόλις μεγάλη hat er einen großen Tempel (Str.).
Um ein Heiligtum des Apollon Δήλιος [1]) erwuchsen
Δήλιον₁Teil der Vorstadt von Naxos Plut. de mul. virt. 254 F c. 18,
Parthen. Erot. 9.
Δήλιον Ortschaft Böotien, bei Tanagra Thuk. 4, 76. 90 u. ö.
Das Heiligtum Δήλιον in Böotien galt als ἐκ Δήλου ἀφιδρυμένον
Str. 9, 403, das ἄγαλμα soll ebenfalls aus Delos stammen Her. 6, 118.
Bei Τεγύρα am Kopaissee lag ein Berg Δῆλος, in Tegyra gab es einen
Tempel und ein Orakel des Apollon Τεγυραῖος. Ἐνταῦθα μυθολο-
γοῦσι τὸν θεὸν γενέσθαι Plut. Pelopidas 16 (286). Das Heiligtum Δή-
λιον an der lakonischen Küste südlich von Epidauros Limera Str. 8,
368 heißt bei Paus. 3, 23, 2 Ἐπιδήλιον, nach Wide, Lakonische
Kulte S. 93 von Apollon Ἐπιδήλιος, dem „plötzlich erscheinenden,
aufglänzenden Gott der Schiffer und Schiffahrt". Die Anknüpfung
an Delos sowie die Tradition, das ξόανον stamme dorther, ist somit
sekundär.
Am euböischen Golf liegt unweit des tanagräischen Delion ὁ ἱερὸς
λιμὴν ὃν καλοῦσι
Δελφίνιον Hafen von Oropos Str. 9, 403; ferner gab es
Δελφίνιον Hafen und Ort Chios, Osten Thuk. 8, 38. 40.
Beide Häfen heißen nach dem Heiligtum des in Delphingestalt [2])
verehrten, in Apollon aufgegangenen Gottes der ionischen Seefahrer
und Kolonisten. In Massalia gab es τὸ τοῦ Δελφινίου ἱερόν . τοῦτο μὲν

---

1) Δηλία in Karien (St. B.) ist wie der Name Δῆλος (Δᾶλος) nichtgriechisch
und einem kleinasiatischen Namensstamm zuzuordnen, Sundwall 66 (dele).
Fick, AO 23, 207, leitet den Ort von Apollon Δήλιος ab; fraglich.
In Σαλγανεύς in Böotien östlich von Anthedon am Euböischen Meer wurde
nach St. B. Σαλγανεὺς Ἀπόλλων verehrt. Laut Str. 9, 403 heißt die Stadt nach
einem Böoter namens Σαλγανεύς, dessen Namen Gruppe 272 Anm. 3 wie den
des Ortes (ebenso Eijkman 23) für theophor hält, während Pfister, Der Reliquienkult im Altertum, S. 288, an einen legendaren Eponymos denkt.
Auf dem Θούριον ὄρος in Böotien befindet sich ein Tempel des Ἀπόλλων
Θούριος, Plut. Sull. 17 (463) ὠνόμασται δ᾽ ὁ θεὸς ἀπὸ Θουροῦς τῆς Χαίρωνος μητρός,
ὃν οἰκιστὴν γεγονέναι τῆς Χαιρωνείας ἱστοροῦσιν. Die Endung -ιος läßt keine Entscheidung über die Priorität zu, Fick, AO 21, 248; die Epiklese ist singulär.
2) δελφίς zu δελφύς, βελφύς als „Gebärmutterfisch", Kretschmer bei Gercke-
Norden I 6 „Sprache" S. 54; ai. garbha-h, av. garəwa, evt. lat. volba, vulva,
„Kalb". Die Zurückführung von Δελφοί, Βελφοί (Sippenname?) auf Apollon
Delphinios (Kretschmer 420) ist formal bedenklich; die Verknüpfungen sind
sekundär.

κοινὸν Ἰώνων ἁπάντων Str. 4, 179, hierher gehört der ligurische Delphini portus, Plin. 3, 48, östlich von Genua. Dem oropischen Hafen entspricht das Delphinion in Chalkis Plut. Tit. 16; Milet (s. o. S. 53 Anm. 1) und seine Kolonie Olbia (Lat. I 106) hatten ein Delphinion, ebenso Athen; Kreta (s. o. S. 57) mehrere, von Thera ist Kult und der Monatsname Δελφίνιος bezeugt (IG XII 3, 330, 63. 133, 537), auf Ägina Schol. Pind. Nem. 5, 81, Pyth. 8, 88.

Ἀρισταῖοι φρήτορες Neapel IG XIV 759 erscheinen neben Ἀρτεμίσιοι φρήτορες und den nach böotischen Lokalheroen genannten Εὐμηλίδαι 715; 748 und Εὐνοστίδαι 783 u. a. Die Spur führt über Kyme und Chalkis zurück nach Keos, wo Aristaios, der zum Sohn Apolls wurde, ein alter, stark verehrter Gott war [1].

Πύθιον Ort Thessalien, am Olymp Plut. Aem. 15, 1, 6; Ptol. 3, 12, 39 gehört zur perrhäbischen Tripolis Πύθιον Ἀζώρισν Δολίχη Liv. 42, 53, 6. St. B. ἔστι καὶ Πύθιον πλησίον τοῦ Ἀστακηνοῦ κόλπου; dazu gehören (oder damit sind identisch) warme Quellen, die Stephanos aufführt: Θέρμα · ἔστι καὶ Βιθυνίας Θέρμα τὰ μὲν Πύθια, τὰ δὲ ἐν Προύσῃ βασιλικὰ λεγόμενα. In der Mutterstadt von Astakos, Megara, ist Kult des Pythiers bezeugt, Paus. 1, 42, 5. In Gortyn hieß das Stadtinnere nach dem Heiligtum des Apollon Πύτιος (SGDI 5016, 20) Πύτιον, St. B. (s. o. S. 56) [2].

Ὑάκινθος, kretisch Βάκινθος mit dem Fest ϝακίνθια, der auf Kreta, den Kykladen und in Lakonien, vornehmlich in Amyklai verehrte, nach Ausweis des Namens vorgriechische (Kretschmer 404) Gott,

---

1) Ob beim Vorgebirge Κιθαριστής südöstlich von Massalia (Ptol. 2, 10, 5) und dem gleichnamigen Hafen (Mela 2, 77, Plin. 3, 34) original griechische Namengebung von einem Beinamen Apollons — so Curtius 158 — oder Benennung nach der den Ort begrenzenden zitherförmigen Hügelkette — Gröhler 69 f. — oder Gräzisierung eines keltischen Namens — C. Müller, Ptol. z. St., RE XI 530 — vorliegt, ist nicht bündig zu entscheiden, die letzte Möglichkeit hat angesichts ähnlicher Fälle die meiste Wahrscheinlichkeit für sich; so ist z. B. das armenische Kastell Κιθαρίζων Prokop aed. 3, 2 gräzisiert aus armenisch Ktr'ič, Fick, AO 25 (1899) S. 109, nach Justi.
2) Auf den Gott oder die heilige Stätte Pytho bezieht Plut. Thes. 26 Πυθόπολις in Bithynien (ἐκ δὲ τούτου τὴν μὲν πόλιν, ἣν ἔκτισεν, ἀπὸ τοῦ θεοῦ Πυθόπολιν προσαγορεῦσαι). Nach Stephanos hat Nysa in Karien auch den Namen Πυθόπολις geführt, nach einem Πυθῆς. Ein Vorgebirge Marmarikas hieß Πυθὶς ἄκρα Ptol. 4, 5, 3, Curtius 158; es wird ebensowenig mit dem Pythier zusammenhängen wie Pythionia, Insel vor Kerkyra, Plin. 4, 53, die von einem Personennamen Πυθίων abzuleiten ist.

dessen Kult Apollon übernahm, hat sich auf Tenos noch lange in Ortsnamen und Phyle gehalten, hier neben Herakles, Eileithyia und einem wahrscheinlich chthonischen Klymenos; die originelle Zusammenstellung zeigt, daß die einzelnen alten Gottheiten im Kult fest verwurzelt und lebendig sind.

῾Ιάκινθος Ort Tenos, ἐν ῾Ιακίνθῳ IG XII 5, 872, 49. 115. 117 (3. Jhd.).

Οἷον τὸ ῾Ιακινθικόν Gegend oder Dorf ebd. IG XII 5, 873, 6 (4. bis 3. Jhd.), 877, 8.

῾Ιακινθεῖς Phyle Tenos IG XII 5, 864 (2. Jhd.), 898, 12 (1. Jhd.). Hinzu kommen

ὁδὸς ῾Υακινθίς bei Amyklai Ath. 4, 173 F (Bursian II 130).

῾Ιάκινθος Hügel Attika Phot. (Παρϑένοι), Suid. ἐν τῷ ῾Υακίνθῳ καλουμένῳ πάγῳ, wo die ῾Υακινθίδες παρϑένοι, die Töchter des Erechtheus, geopfert worden sein sollten und Kult erhielten (Schol. Soph. OK 100).

Κάρνος, nach Wide Lak. Kulte 85, Nilsson, Gr. F. 120, ein altpeloponnesischer, vordorischer Gott, nach Wilamowitz, Hermes 38 (1903) S. 58, Gl. d. H. I 89 ff. und Kern II 70 ein von den Dorern mitgebrachter Widdergott — Hesych: Κάρ . . . πρόβατον, κάρνος . . . βόσκημα, πρόβατον —, der jedenfalls im Apollon Καρνεῖος aufgegangen ist und weiterwirkt, ist nach Wilamowitz mit dem Namen der Landschaft ᾿Ακαρνανία verwandt. Eine Insel vor Akarnanien heißt Κάρνος, offensichtlich mit ᾿Ακαρνανία zusammenhängend (Kretschmer 422) und keine Ableitung vom Gottesnamen. Krahe 89, 115 denkt an illyrische Herkunft; dagegen steckt nach Fick, VO 86 die gleiche vorgriechische Wurzel in Κάρνη, Stadt der Äolis, St. B., und Καρνία, πόλις ᾿Ιωνίας (nicht semit. קרן wie in Phönizien). Als Ableitungen vom Gotte Κάρνος kommen in Frage

Κάρνιον   Stadt Arkadien Plin. 4, 20; Fragm. lex. geogr. Philol. 25 (1867) S. 150.

Καρνίων   Fluß Arkadien Paus. 8, 34, 5.

Κάρνιον   Ort Lakonien Pol. 5, 19, 4.

Einen Hain des Apollon Karneios gab es in Messenien bei Pherai Paus. 4, 31, 1 und bei Andania Paus. 4, 33, 5, IGV 1, 1390, 54. 56. 60. 63 Καρνειάσιον. Den Berg Καρνεάτης in Sikyonien verbindet Fick, AO 21, 267 mit Apollon Karneios, Gruppe 745 Anm. 6 mit den Kultdienern des Gottes auf Grund von Hesych Καρνεᾶται · οἱ ἄγαμοι · κεκληρωμένοι δὲ ἐπὶ τὴν τοῦ Καρνείου λειτουργίαν. πέντε δὲ ἀφ᾿ ἑκάστης

... *ἐπὶ τετραετίαν ἐλειτούργουν.* Der *Καρνίων* ist ein Seitenfluß des Gatheatas und entspringt in der Südspitze Arkadiens zwischen Messenien und Lakonien; oberhalb seiner Quelle liegt das Heiligtum τοῦ *'Απόλλωνος Κερεάτα* [1]).

Παιάν, Παιών ist Epitheton mehrerer Gottheiten (Zeus, Dionysos, Asklepios), vornehmlich Apollons.

Παιάνιον Ortschaft Akarnanien, Gebiet von *Οἰνιάδαι* Pol. 4, 65, 3.

Παιανιεύς (-*ία*) Demos Attika   Her. 1, 60, 4 [2]).

Παιώνιον Vorgebirge Andros   Skyl. 113.

Nach dem karischen Heilgott *Οὔλιος* (Personennamen, Sittig 48) — Str. 14, 635 *Οὔλιον δ' 'Απόλλωνα καλοῦσί τινα καὶ Μιλήσιοι καὶ Δήλιοι, οἷον ὑγιαστικὸν καὶ παιωνικόν· τὸ γὰρ οὔλειν ὑγιαίνειν* ... — heißen die Bewohner einer karischen Ortschaft in den attischen Tributlisten.

Οὐλιᾶται Einwohner einer Stadt Kariens IG I 231 (S. 100) u. ö.,

---

1) Hitzig-Blümner z. St. erwägt die mögliche Beziehung dieses Beinamens zu *Καρνεῖος.* Einleuchtender erscheint demgegenüber die Auffassung von *I. Πανταζίδης 'Εφ. ἀρχ.* 1885 S. 59, der nach Analogie von Maleatas den Beinamen *Κερεάτας* von einem sonst in Lakonien zwar nicht bezeugten Ort *Κέρεια, Κερέα* oder *Κέρειον* ableitet; bei Naxos liegt eine Insel *Κέρεια* Stad. 282. Ebenso faßt er den Beinamen Apollons *'Υπερτελεάτας* — *ἱερεὺς 'Απόλλωνος 'Υπερτελεάτου* Inschr. *'Εφ. ἀρχ.* 1884, S. 81 öfter, τὸ *ἱερὸν τοῦ 'Απόλλωνος τοῦ 'Υπερτελεάτα* BCH 9, *?*13 Z. 23, 245 Z. 17— als Ableitung von einem Ortsnamen *'Υπερτέλεια* auf, von *ὑπερτελής* „hochragend" gebildet und liest Paus. 3, 22, 10 τὸ δὲ χωρίον, ἔνθα τὸ *'Ασκληπιεῖον, 'Υπερτελεάτον* (überl. *-ον) ὀνομάζουσιν.* Unwahrscheinlich Eijkman 23 „*'Υπερτελέατον* plaats in Laconië, naar de epiclesis *'Υπερτελεάτας* van Apollon aldaar". Apollon *Μαλεάτας* ist jedenfalls „der von *Μαλέα*" und hat nichts mit einem „Apfelgott" zu tun (*μᾶλον*), Wilamowitz I 394. 397, Apollon *'Ελείτας* bedeutet ὁ *ἐν τῶι ἕλει* in Tamassos auf Cypern, Apollon *'Υλάτας* heißt nach der Ortschaft *"Υλη* auf Cypern, Sittig, Symbol. philol., O. A. Danielsson octogenario dicatae 313.

2) Plut. Dem. 20 (855) Philipp von Makedonien *ἥδε τὴν ἀρχὴν τοῦ Δημοσθένους ψηφίσματος πρὸς πόδα διαιρῶν καὶ ὑποκρούων*

Δημοσθένης Δημοσθένους Παιανιεὺς τάδ' εἶπεν.

H. Jacobsohn, „Zu den griechischen Ethnika" KZ 57 (1929) S. 86, bestreitet die Zugehörigkeit zu *Παιάν.* Sein Hinweis auf das vorgriechische Sprachgut in den attischen Demennamen ist grundsätzlich berechtigt, in diesem Falle liegt kein Anhaltspunkt dafür vor. „Entscheidend aber spricht dagegen, daß keiner dieser Demen nach einem Gotte benannt ist." Dagegen vgl. den Demos *'Ανακαία* (s. u. Dioskuren); *Παλλήνη, Μελαιναί, Χιτώνη* sind nicht theophor, *'Ιφιστιάδαι* erst sekundär auf Hephaistos bezogen (s. u. S. 86), *'Αγγελή* ist ungewiß. Der Dorismus in *Παιανία* ist nicht anstößig, vgl. den tragischen Sprachgebrauch.

außerdem belegt durch eine neugefundene Inschrift aus dem Delphinion zu Milet Milet I Heft III nr. 68 (S. 213), 3.

Σῖμος Ἀριστάρχου Οὐλιά[της].

Daneben werden in den Tributlisten häufig Αὐλιᾶται, Αὐλιῆται, Αὐλεᾶται, Αὐλιᾶται Κᾶρες genannt. Vermutlich haben mehrere karische Orte des Namens Ουλια, Αυλια existiert, vgl. Sundwall 227 ul(a) -ija, IG I Index S. 236.

Nach dem in der Troas und auf Rhodos verehrten Ἀπόλλων Σμίνθιος (Σμινθεύς) heißen — neben einer Anzahl Heiligtümer und Haine —

Σμίνθη Stadt Troas, bei Χρύση	Schol. Il. 1, 39; St. B.
Σμίνθιον 2 Orte Troas, bei Ἀμαξιτός	Str. 13, 605.
Σμίνθιον Orte Troas, bei Λάρισα	Str. 13, 605.
τὰ Σμίνθια χωρίον bei Πάριον	Str. 13, 605.

Str. 13, 605: πολλαχοῦ δ' ἐστὶ τὸ τοῦ Σμινθέως ὄνομα · καὶ γὰρ περὶ αὐτὴν τὴν Ἀμαξιτὸν χωρὶς τοῦ κατὰ τὸ ἱερὸν Σμινθίου δύο τόποι καλοῦνται Σμίνθια · καὶ ἄλλοι δ' ἐν τῇ πλησίον Λαρισαίᾳ · καὶ ἐν τῇ Παριανῇ δ' ἔστι χωρίον τὰ Σμίνθια καλούμενον, καὶ ἐν Ῥόδῳ καὶ ἐν Λίνδῳ καὶ ἄλλοθε δὲ πολλαχοῦ · καλοῦσι δὲ νῦν τὸ ἱερὸν Σμίνθιον. Wieweit es sich bei den Σμίνθια, zumal in Rhodos und Lindos, um bewohnte Orte handelt, geht aus dem Zusammenhang nicht sicher hervor. Das Fest der Σμίνθεια in Lindos wird IG XII 1, 762 bezeugt, vgl. die Schrift des Philomnestos Περὶ τῶν ἐν Ῥόδῳ Σμινθείων, die Athen. III 74 F, X 445 A zitiert.

Das Heiligtum eines kleinasiatischen Feuergottes Καίων Μάνδρος [1]) ist durch die Mysterieninschrift aus dem äolischen Kyme [2]) bezeugt; den Gottesnamen hat Letronne 1845 aus den zahlreichen mit Μανδρο-zusammengesetzten Personennamen erschlossen, vollständige Aufzählung Sittig 44—46 [3]). Nach Ausweis der Personennamen wurde der Gott hauptsächlich in Ionien und Karien (nebst Inseln) bis nach Pisidien und Kilikien hin verehrt. Nach ihm heißen wahrscheinlich [4])

---

1) Kern I 111 faßt den Gott wie Apollon als „Hürdengott" auf nach Hesych μάνδραι· ἔρκη, φραγμοί, αὐλαί, σηκοὶ βοῶν καὶ ἵππων. Dagegen Wilamowitz I 164 Anm. 2: „Das dorische μάνδρα hat in Ionien nichts zu suchen."
2) 1. Jahrhundert n. Chr.; Josef Keil, Jahreshefte des Öst. arch. Inst. XIV Beibl. Sp. 133/40.
3) Hinzu kommt Θεμισθόμανδρος Milet M. III 122 I 8 (6. Jahrhundert v. Chr).
4) Plin. 5, 114 (M) androl(y)tia, früherer Name von Magnesia am Maiandros (?), ist mit dem Personennamen Μανδρόλυτος (bezeugt in Priene und Ephe-

Μάνδραι St. Mysien o. Bithynien Hierokl. 664, 1; Le Bas-W. III nr. 1095.

Μάνδρη Ort Grenze Phryg./Pisid. Aberdeen Univ. Stud. 20, 330. 340. 367, sicher

Mandri fontes Großphrygien, bei *Πολύβοτος* Liv. 38, 15, 14 [1]).

Μανδρόπολις Stadt Phrygien St. B. (Liv. 38, 15, 2 ad Madamprum).

Μανδρία (2 ×), *Μανδράκα* u. *Μάνδρες* (d. h. *Μάνδραι*) heißen noch heute auf Cypern Orte. Allerdings ist *μάνδρα* „Pferch" in der *δημοτικὴ γλῶσσα* äußerst häufig.

Ἄρτεμις.

᾿Αρτεμίσιον	Vorgebirge Nordeuböa	Her. 7, 175.
᾿Αρτεμίσιον	Ortschaft ebd. Plin. 4, 64, St. B. *πόλις Εὐβοίας*.	
᾿Αρτεμίσιοι	*φρήτορες* Neapel	IG XIV 744.
᾿Αρτεμίσιον	Städtchen Sizilien, b. Mylai D. Cass. 49, 8, App. b. c. 5, 116.	
᾿Αρτεμισιακόν	Bergwerksgelände Attika	IG II 780, 17. 781, 7. 782, 4.
᾿Αρτεμίτα	Insel der Echinaden	Str. 1, 59, St. B. *χερρόνησος*.
᾿Αρτεμίτιον	Stadt Unteritalien Hekataios u. Philistos bei St. B.	
᾿Αρτεμίσιον	Gebirge Argolis/Arkadien Paus. 2, 25, 3.	
Ἄρταμις	*κώμη* Kyrenaika	Ptol. 4, 4, 7.
᾿Αρτεμίσιον	neue Festg. Justinians,	Makedonien Prok. aed. 4, 3.
᾿Αρτεμεισίας	Phyle Philippopolis	CIG 2048.
᾿Αρτεμέα	Phrygia minor	Hierokl. 662, 13.
Artemis mutatio Station östl. Nikaia Richtg. Ankyra It. Burdigal. 573, 11.		
᾿Αρτεμισίας	Phyle Dorylaion	Ath. Mitt. XXV (1900) S. 426 (Koerte).
᾿Αρτεμεισιάς	Phyle Akmonia	Rev. des et. anc. III 275.
᾿Αρτεμισιάς	Phyle Smyrna	CIG 3264. 3266.

sus, Sittig 45) zu verbinden. Ob *Ἄμανδρα κώμη*, die zur *πόλις ᾿Ικόνιον* wurde, Joh. Antioch. FHG IV 544 fr. 6 Kap. 18, und *᾿Αμάνδρα*, alter Name der Gegend von Parion Mabl. 92, 7, Cedren. I 216, 17 hierher gehören, ist zweifelhaft. Unerklärt bleibt das Gebirge in Libyen *Μάνδρον ὄρος* Ptol. 4, 6, 3.

Μάνδρα Ort in Palästina Jos. arch. 10, 175 ist Übersetzung von hebr. גְּדֵרָה „Pferch", Hölscher, RE XIV, 1028.

1) Körte, Ath. Mitt. XXII 7 f.

$A\varrho\tau\varepsilon\mu\acute{\iota}\sigma\iota\nu$ Vg. Karien, $\Gamma\lambda\alpha\tilde{\nu}\varkappa\sigma\varsigma$ $\varkappa\acute{\sigma}\lambda\pi\sigma\varsigma$ Str. 14, 651.

'$A\varrho\tau\varepsilon\mu\acute{\iota}\tau\alpha$ Armenien, Thospitissee   Ptol. 5, 12, 10.

'$A\varrho\tau\varepsilon\mu\acute{\iota}\tau\alpha$ Assyrien, Apolloniatis   Str. 11, 519; 16, 774.

'$A\varrho\tau\varepsilon\mu\acute{\iota}\tau\alpha$ [1])   Arabia deserta   Ptol. 5, 18.

"$A\varrho\tau\alpha\mu\iota\varsigma$ $\varkappa\acute{\omega}\mu\eta$ in der Kyrenaika gibt die dorische Form wieder, wie sie mit a in der zweiten Silbe und der Deklination als t-Stamm '$A\varrho\tau\acute{\alpha}\mu\iota\tau\sigma\varsigma$, '$A\varrho\tau\acute{\alpha}\mu\iota\tau\iota$ auf Thera gebräuchlich war, IG XII 3, 381. 1326/8. Das a der zweiten Silbe ist durch Vokalassimilation aus der älteren Form "$A\varrho\tau\varepsilon\mu\iota\varsigma$ entstanden; die älteste Form, "$A\varrho\tau\iota\mu\iota\varsigma$, ist im Lydischen noch erhalten [2]). In den ionischen Dialekten wird "$A\varrho\tau\varepsilon\mu\iota\varsigma$ als d-Stamm behandelt, ebenso im Äolischen, selbst da, wo mittleres a vorliegt, so thess. '$A\varrho\tau\acute{\alpha}\mu\iota\delta\iota$ IG IX 2, 239, 2. 417, 2 [3]). Da sind die Ortsnamen '$A\varrho\tau\varepsilon\mu\acute{\iota}\tau\alpha$ in Armenien und Assyrien nicht

---

1) In Arabia felix am $\Sigma\alpha\chi\alpha\lambda\acute{\iota}\tau\eta\varsigma$ $\varkappa\acute{\sigma}\lambda\pi\sigma\varsigma$ gab es ein '$A\varrho\tau\acute{\varepsilon}\mu\iota\delta\sigma\varsigma$ $\mu\alpha\nu\tau\varepsilon\tilde{\iota}\sigma\nu$ Ptol. 6, 7, 11. Die übrigen Ortsnamen gehen auf die römische Diana zurück, St. B. '$A\varrho\tau\varepsilon\mu\acute{\iota}\tau\alpha$ $\nu\tilde{\eta}\sigma\sigma\varsigma$ $T\nu\varrho\varrho\eta\nu\iota\varkappa\acute{\eta}$ zwischen Italien und Korsika, Ptol. 3, 2, 5 '$A\varrho\tau\acute{\varepsilon}\mu\iota\delta\sigma\varsigma$ $\lambda\iota\mu\acute{\eta}\nu$ auf Korsika; bei '$H\mu\varepsilon\varrho\sigma\sigma\varkappa\sigma\pi\varepsilon\tilde{\iota}\sigma\nu$ in Spanien (gegenüber den Pityusen am östlichsten Küstenvorsprung) war auf der Höhe ein vermutlich phokäisch-massalischer Tempel der ephesischen Artemis, Str. 3, 159 $\varkappa\alpha\lambda\varepsilon\tilde{\iota}\tau\alpha\iota$ $\delta\grave{\varepsilon}$ $\varDelta\iota\acute{\alpha}\nu\iota\sigma\nu$, $\sigma\tilde{\iota}\sigma\nu$ '$A\varrho\tau\varepsilon\mu\acute{\iota}\sigma\iota\sigma\nu$. „Der Name ist nur eine deutende Übersetzung des Poseidonios (oder Artemidor), geführt hat ihn der Ort nie", Hübner, RE V 340; Dianium soll seinerseits aus dem Iberischen latinisiert sein.

2) Damit ist die von Robert vorgetragene Deutung Artamis = „Schlächterin" hinfällig. $\alpha\varrho\tau\iota\mu(\iota)$ Keil-Premerstein 53, S. 99 Abb. 99 Z. 4, S. 102 b Anm. 1, artimu-š, artimu-k auf der lydisch-aramäischen Bilinguis Sardis VI 1 S. 30 Z. 11, S. 35, artimuš ebd. S. 49 E Z. 10, S. 51 F Z. 5, artimul vgl. Register S. 83; S. 39 auf der lyd.-griech. Bilinguis: nannaś pakivalis artimuū

         $N\alpha\nu\nu\alpha\varsigma$ $\varDelta\iota\sigma\nu\nu\sigma\iota\varkappa\lambda\acute{\varepsilon}\sigma\varsigma$ '$A\varrho\tau\acute{\varepsilon}\mu\iota\delta\iota$.

Timoth. Pers. 172 "$A\varrho\tau\iota\mu\iota\varsigma$, $\grave{\varepsilon}\mu\grave{\sigma}\varsigma$ $\mu\acute{\varepsilon}\gamma\alpha\varsigma$ $\vartheta\varepsilon\acute{\sigma}\varsigma$

         $\pi\alpha\varrho$' "$E\varphi\varepsilon\sigma\sigma\nu$ $\varphi\nu\lambda\acute{\alpha}\xi\varepsilon\iota$.

Vgl. die Personennamen '$A\varrho\tau\acute{\iota}\mu\alpha\varsigma$, '$A\varrho\tau\acute{\iota}\mu\mu\eta\varsigma$ (Herondas 2, 38), '$A\varrho\tau\iota\mu\mu\iota\acute{\alpha}\varsigma$ Frau aus Knidos (Anth. Pal. VII 465, Wilamowitz, Hell Dichtg. II 122 f.); das Jota ist ursprünglich, Wilamowitz a. a. O. II 50, der Name "$A\varrho\tau\iota\mu\iota\varsigma$ lydisch, die anderen Formen beruhen auf gräzisierender Ausdeutung.

Kretschmer, Glotta XV (1927) S. 178, denkt im Sinne seiner Protindogermanenhypothese an eine protindogermanische Form des Lydischen.

Kern I 104 hält sogar lydische Entlehnung aus dem Griechischen für möglich.

3) Höchstens das Adjektiv ion. ark. '$A\varrho\tau\varepsilon\mu\acute{\iota}\sigma\iota\sigma\varsigma$ könnte in Verbindung mit wgr. '$A\varrho\tau\alpha\mu\acute{\iota}\tau\iota\sigma\varsigma$ auf die Existenz eines gemeingriechischen t-Stammes schließen lassen, Bechtel, Gr. Dial. I S. 349, III S. 130 f. Die dorische Form ist heute noch erhalten im Kloster Artamiti auf Rhodos, das die "$A\varrho\tau\varepsilon\mu\iota\varsigma$ $\grave{\alpha}$ $\grave{\varepsilon}\nu$ $K\varepsilon\varkappa\sigma\acute{\iota}\alpha$ bewahrt hat (Hiller von Gärtringen, Mitt. Arch. Inst. Ath. 1892, XVII S. 307), vgl. das Vg. Artemision gegb. Rhodos.

ohne Schwierigkeit. Der assyrische — einheimisch *Χαλασαρ*, Isidor Char. 2 *πόλις ʿΕλληνίς* — bezieht sich sicher auf die Göttin, *ʾΑρτεμίτα* liegt in der Landschaft Apolloniatis, vorher Sittakene, die nach der hellenistischen Gründung Apollonia umgenannt ist. In Armenien war wahrscheinlich Anknüpfung an eine einheimische Muttergottheit wirksam.

Die Echinas *ʾΑρτεμίτα* stellt eine Mischform aus westgriechischem t-Stamm und dem *ε* der Koine dar, wie sie in Ätolien, Phokis und Korinth Eingang gefunden hatte, *ʾΑρτέμιτος* und *ʾΑρτέμιτι* Bechtel Gr. Dial. II S. 60. 118. 247. Schon Artemidor von Ephesus berichtet, daß sie zur Halbinsel an der Mündung des Acheloos geworden ist, bei St. B. und Str. 1, 59 *καὶ ἡ πρότερον ʾΑρτεμίτα λεγομένη μία τῶν ʾΕχινάδων νήσων ἤπειρος γέγονε*. *ʾΑρτεμίτα* gehört hinsichtlich des theophoren Namens zu Apollonia, Letoa und Dionysia, s. o. S. 55.

Von Euböa, wo Heiligtum, Vorgebirge und Ortschaft der Göttin geweiht sind, trug die chalkidische Kolonisation die Göttin nach Neapel, wo die *ʾΑρτεμίσιοι φρήτορες* sie bezeugen, und ferner, wie mir scheint, zur Nordostspitze Siziliens, wo unweit der chalkidischen Enkelkolonie Mylai das Städtchen Artemision liegt.

St. B. *ʾΑρτεμίσιον, πόλις Οἰνώτρων, ἐν μεσογείῳ, ʿΕκαταῖος Εὐρώπῃ. Φίλιστος δὲ ʾΑρτεμίτιον αὐτὴν καλεῖ, ἴσως δωρικῶς.* Die Stadt möchte ich den westgriechischen Kolonien in Lukanien und Bruttium zuordnen.

Die Phylen der Lydierin Artemis, die in Ephesus ihre berühmteste Kultstätte besaß, in Smyrna, Akmonia (nicht allzu weit von der lydischen Grenze) und Dorylaion verdienen Beachtung. Im übrigen weist die beschränkte Zahl der — überdies meist spät bezeugten — Ortsnamen nicht ausgesprochen auf einen bestimmten Bereich als Ausstrahlungszentrum; nur das ionische Chalkis sowie Delphi, welches auch beim westgriechischen Artemition in Unteritalien wirksam gewesen sein möchte, treten hervor. Um so stärker machen sich in Ortsnamen die in die gemeinhellenische Artemis aufgegangenen alten Sondergöttinnen geltend.

Σελλασία in Lakonien soll nach Gruppe 744, Eijkman 23 „*Σελλασία* stad in Lacedaemon, naar bijnaam van Artemis aldaar" auf eine Epiklese bzw. alte Sondergöttin zurückgehen. Hesych *Σελλασία · ʾΑρτεμις. Σελλασία · τόπος τῆς Λακωνικῆς, ὅθεν εἰκὸς κληθῆναι τὴν ʾΑρτεμιν.* Die Epiklese kommt sonst nicht vor, der Ortsname wird älter sein als sie.

69

Die arkadische *'Ορθία* soll nach einem Ort benannt sein, Hesych *'Ορθία "Αρτεμις · οὕτω εἴρηται ἀπὸ τοῦ ἐν 'Αρκαδίᾳ χωρίον, ἔνθα ἱερὸν 'Αρτέμιδος ἱδρῦσθαι* ... Hesych setzt offenbar einen gleichnamigen Ort voraus, der sonst nicht bekannt ist. *'Ορθωσία* soll Artemis bei den Orthosiern, den Bewohnern eines arkadischen Berges, heißen, Schol. Pind. Ol. 3, 54 *ἔστι δὲ καὶ 'Αρκαδίας ὄρος "Ορθιον, ἀφ' οὗ ἡ θεὸς 'Ορθία καὶ 'Ορθωσία καλεῖται*; daneben werden Deutungen mit Hilfe von *ὀρθοῦν* notiert. Artemis trägt häufig Epiklesen von Örtlichkeiten, in der Peloponnes *Κορυφαία, 'Ακραία, 'Αλφειαία, Σελλασία*; da ist es nicht ausgeschlossen, daß die *'Ορθία* und *'Ορθωσία* auch nach ihrem Wohnsitz bezeichnet ist, die *'Ορθία* etwa nach einem Berg *"Ορθιον*. Das Suffix *-ιά* deutet im allgemeinen eher auf Priorität des Ortsnamens gegenüber dem Gottesnamen. Aus Arkadien ist der Kult der *'Ορθία* nach Lakonien eingeführt; ferner breitete er sich nach Elis, Epidauros und Athen aus.

'Ορθία   Demos Elis   Paus. 5, 16, 6.
Schol. Pind. Ol. 3, 54 *καὶ παρ' 'Ηλείοις 'Ορθωσίας 'Αρτέμιδος ἱερόν, ὥς φησι Δίδυμος*. In Megara hatte *"Αρτεμις 'Ορθωσία* eine Priesterin, in der megarischen Kolonie Byzantion einen Altar Her. 4, 87. Der Zusammenhang mit *'Ορθωσία* in Karien, wo die Karer von den Rhodiern besiegt wurden Polyb. 30, 5, 15, Str. 14, 650, bleibt ungeklärt, ebenso der mit der syrischen Küstenstadt *'Ορθωσία* Str. 14, 670, deren Name vielleicht von der karischen hergenommen ist.

Κονδυλέα, Ort bei Kaphyai in Arkadien, Paus. 8, 23, 6, hat einen Hain und Tempel der *"Αρτεμις Κονδυλεᾶτις* oder *'Απαγχομένη*. Usener, Rh. Mus. XXIII 1868 S. 336, Götternamen, S. 238 f., setzt unter Heranziehung von Clem. Alex. protr. 2, 38 — *"Αρτεμιν δὲ 'Αρκάδες 'Απαγχομένην καλουμένην προστρέπονται, ὥς φησι Καλλίμαχος ἐν Αἰτίοις, καὶ Κονδυλῖτις ἐν Μεθύμνῃ ἑτέρα τετίμηται "Αρτεμις* — arkadisch und lesbisch *κονδυλ-* mit mäonisch *κανδαυλ* gleich, nach Hipponax fr. 4 D

ἔβωσε Μαίας παῖδα, Κυλλήνης πάλμυν,

'Ερμῆ κυνάγχα, μῃονιστὶ Κανδαῦλα,

φωρῶν ἑταῖρε, δεῦρό μοι σκαπαρδεῦσαι.

(Von Useners Deutung des „Hundswürgers" als Lichträubers und Mondwürgers darf hier abgesehen werden.) Der zweite Bestandteil von *Κανδαύλης* hängt mit asl. daviti „würgen" zusammen (u. a. Kretschmer 388 f., Walde-Pokorny I 823); Sittig, „Zwei etymologische Vermutungen", KZ 52, 204 ff., stellt *κυνάγχα Κανδαύλης* zu ai. śvaghnī „Glücksspieler", einer, der den Hund, lat. canis, d. i. den

70

schlechten Wurf zu töten versteht, hier der Glücks- und Würfelgott Hermes; śvaghnī ist Indra.

Ob die Angabe ἐν Μηθύμνῃ bei Klemens auf einem Irrtum beruht (vgl. Wernicke, RE II 1390 Artemis) oder nicht, bleibe dahingestellt; jedenfalls erhellt das Hipponaxfragment den Namen Κονδυλέα nicht zur Genüge, in Ἀπαγχομένη wäre, wenn sie Übersetzung von Κονδυλεᾶτις sein sollte, der erste Bestandteil nicht berücksichtigt, und der zweite ließe sich kaum ohne weiteres mit idg. dhau- verknüpfen. Somit ergibt sich die Erklärung von Κονδυλέα auf Grund von κόνδυλος „Knebel, Geschwulst", „Bodenerhebung" (Pape, Fick, AO 23, 205) als die natürlichste, vgl. ai. kadaras „harte Anschwellung" (Petersson, Beiträge zur lateinischen Etymologie, Glotta XVIII 1917, S. 76).

Nach der mit Artemis geglichenen ätolischen Λαφρία aus Kalydon, deren Fest im achäischen Patrai Pausanias 7, 18, 8 ff. beschreibt, heißen die

Λαφριάδαι φρατρία ἐν Δελφοῖς Hesych.

Der Name Λαφρία ist von dem im westlichen Mittelgriechenland anzusetzenden Ort Λάφρος abgeleitet, ἐν Λάφρῳ SGDI 2580, 48; ein Heiligtum Λόφριον lag in Ätolien, ἐλ Λοφρίῳ Ditt. Syll.[3] 366, 14. Wilhelm Schulze (a. a. O. S. 34) führt den ätolischen Kult der Laphria auf Übernahme von illyrischen Stämmen zurück; illyrische (venetische) Namen sind Lafria, Lafrenius, Lafrenus, Λαφρηνός, die Beziehungen erstrecken sich bis nach Umbrien, wo illyrische Japyger und Juppiter Grabovius bezeugt sind.

Der Zusammenhang des kretischen Gebirges Δίκτη mit der Göttin Δίκτυννα ist unbestimmt (vgl. Fick, VO 32); Diktynna ist mit Artemis verschmolzen, von Kreta ist sie nach Astypalaia (IG XII 3, 189), Sparta (Paus. 3, 12, 8) und Antikyra in Phokis (IG IX 1, 5) gelangt.

Δικτυνναῖον Vg. Nordwestkreta, Tityrosgeb. Str. 10, 484.

Dictynna oppidum ebd., Siedlg. b. Tempel der Dictynna Mel. 2, 113.

Ἄπτερα östlich von Kydonia soll nach Ἄρτεμις ἁ Ἀπτέρα „ungeflügelte Artemis" heißen, Kretschmer 419, Gruppe 743, Solmsen Idg. Eigennamen 75. Auf den Inschriften heißt die Stadt stets Ἄπταρα; nach Fick, VO 18, verdankt sie ihr ε der Spielerei mit ἄπτερος „flügellos", dann wäre das α ursprünglich. Nun kann das mittlere α umgekehrt aus Vokalassimilation entstanden sein, wie Ἄρταμις aus Ἄρτεμις, und trotzdem Volksetymologie vorliegen;

Stephanos bezeugt Ἄπτερα für Lydien, Ἄπτερα gehört in die Reihe der lykisch-karischen Ortsnamen, die sich auf Kreta wiederholen, Fick, VO 126; neuerdings zieht Kretschmer auch lyk. Pttara, chald. patari „Stadt" heran, Glotta 21 (1933) S. 89 (Zur ältesten Sprachgeschichte Kleinasiens).

Eileithyia hatte bei Amnisos auf Kreta eine — jetzt ausgegrabene — Grotte, Od. 19, 188 σπέος Εἰλειθυίης; fest eingewurzelt ist sie auf Tenos (vgl. Ὑάκινθος S. 64).

Ἐλειθύαιος Ort Tenos   IG XII 5, 872 Z. 102. 104. 120.

Ἐλειθναιεῖς Phyle Tenos IG XII 5, 865, 2.

Ein Priester der Eileithyia erscheint ebd. 944, ferner gab es auf Tenos einen Monat Ἐλειθναιών.

In Sparta heißt die Göttin Ἐλευσία, IG V.1, 236.

   Μαχανίδας ἀνέθηκε τᾷ Ἐλευσίᾳ [1]).

Ihr Fest sind die Ἐλευήύνια IG V 1, 213, 11. Andere lakonische Formen lauten Ἐλνσία, Εἰλυθύα, Ἐλευθία. Ἐλευσίς läßt sich kaum davon trennen. In formaler Hinsicht könnte der Name, der auf jeden Fall vorgriechisch ist, theophor sein, vgl. gr. Ἄρταμις κώμη. Als durchaus möglich, wenn auch nicht erwiesen, sei darum verzeichnet Ἐλευσίς Ort in Attika.

Ἐλευσίν auf Thera, südlicher Hafen, ist nach Gruppe 18 Anm. 11 von der attischen Ortschaft abhängig, nach Hiller von Gärtringen (RE V 2338 f.) handelt es sich ursprünglich vielleicht nur um den „Ort der Ankunft"; bezeugt ist der Name Ptol. 3, 14, 23 [2]). Spuren der anzusetzenden alten, von Demeter offenbar ganz verdrängten Göttin sind im attischen Eleusis nicht mehr vorhanden. Ἐλευσῖνα καὶ Ἀθήνας παρὰ τὸν Τρίτωνα ποταμόν (Str. 9, 407) am Kopaissee halte ich für mythologische Fiktionen, s. o. S. 47 ff. Ἐλευσίς, κατοικία πλησίον τῆς Ἀλεξανδρείας Str. 17, 800 wird nach dem attischen Ort heißen und scheidet für die Göttin damit aus. Εἰλειθυίας πόλις in Oberägypten. Str. 17, 817 beruht auf der Identifikation der Göttin mit Nechbejet bzw. Nechab; in Alexandreia hieß ein Demos Ἐλείθυιος, Pap. Oxyrrh. 377, Kenyon Archiv f. Papyrusforschung II (1902) S. 76.

Γενναῖς Ort dicht bei Phokaia Aristid. 24, 519 (I 469 Dind.) gehört zu den phokäischen Geburtsgöttinnen (Γενετύλλιδες und)

---

1) Schon Roß, der erste Herausgeber der Inschrift, hat die Gleichung vermutet.

2) RE falsch 2, 14, 23.

Γενναῖδες Paus. 1, 1, 6; theophore Interpretation vertreten Gruppe 743, Jessen, RE VII 1174 [1]), Wilamowitz.

Die Karerin Hekate (Personennamen Sittig 61—67) erscheint
'Εκατησία   Parallelname einer Stadt Kariens St. B.
'Εκάτης νῆσος zw. Delos und Rhenaia Ath. 14, 645 B (Samos von Delos).
'Εκάτης ἄλσος Spitze der Halbinsel zw. Olbia und 'Αχιλλέως δρόμος Ptol. 3, 5, 2.
St. B. 'Εκατησία, οὕτως ἡ 'Ιδριὰς πόλις ἐκαλεῖτο Καρίας. ναὸν γὰρ τεύξαντες οἱ Κᾶρες τὴν θεὸν Λαγινῖτιν ἐκάλεσαν ... καὶ τὰ 'Εκατήσια τελοῦντες οὕτως ὠνόμασαν, H. Oppermann [2]) hat nachgewiesen, daß Idrias eine Landschaft Kariens bezeichnet, vgl. Her. 5, 118 ποταμὸν Μαρσύην, ὅς ῥέων ἐκ τῆς 'Ιδριάδος χώρης ἐς τὸν Μαίανδρον ἐκδιδοῖ. Den Namen 'Εκατησία weist er Lagina zu.

Die Hekateinsel bei der ursprünglich karischen Insel Delos weist ebenso nach Karien als Heimat der Göttin wie der Hekatehain der milesischen Kolonisten an der Mündung des Borysthenes [3]).

Demetrios von Skepsis (bei Harpokration 'Αδράστεια) identifiziert, Artemis mit Adrasteia, die vornehmlich nach Kyzikos gehört. Der in Athen zusammen mit Bendis verehrten (IG I 210), thrakisch-troischen Berggöttin gehört vielleicht

'Αδραστείας ὄρος bei Kyzikos   Str. 12, 575.
'Αδραστείας πεδίον zw. Priapos u. Parion, Str. 12, 565. 13, 588,
     auch 'Αδράστεια χώρα [4])   Str. 13, 588, vgl. Il. 2, 828.
'Α διὰ παντὸς Χερσονισατᾶν προστατοῦσα Παρθένος (Lat. I 185, 24 f.) [5]), die jungfräuliche Göttin der Taurier, wurde später mit Artemis identifiziert.

---

1) Statt Aristid. I 169 Dind. lies I 469.

2) H. Oppermann, Zeus Panamaros (s. o. S. 25 f.).

3) Als unsicher sei angeführt Hesych Ζέα ἡ 'Εκάτη παρὰ 'Αθηναίοις καὶ εἰς τῶν ἐν Πειραιεῖ λιμένων, vgl. Gruppe 744 Anm. 20. Panofka 1840, 334 verbindet Zea mit Zeus (!).

4) Der Zusammenhang bei Strabon läßt die Existenz einer S t a d t 'Αδράστεια als zweifelhaft erscheinen. Hesych notiert 'Αδρήστεια · ὄνομα πόλεως παρὰ 'Ελλήσποντον. Die Anknüpfung an die Göttin bleibt unsicher infolge ihres komplizierten Verhältnisses zum Myser Adrastos, darüber zuletzt E. Maaß, Adrastos von Drus, Byzantinisch-neugriechische Jahrbücher V, 1926, S. 179 ff.

5) Vgl. Lat. 4, 79, 1 'Ομνύω Δία, Γᾶν, "Αλιον, Παρθένον, θεοὺς 'Ολυμπίους καὶ 'Ολυμπίας καὶ ἥρωας ... 50 f. Ζεῦ καὶ Γᾶ καὶ "Αλιε [καὶ] Παρθένε καὶ θεοὶ 'Ολύμπιοι, ebd. 83/6 Weihungen an die Παρθένος, 83 von ihrem Priester. Der Dialekt ist dorisch, Chersonasos ist Kolonie von Herakleia Pontike.

Παρθένιον Vg. Chersonesos Taurike Str. 7, 308.

Παρθένιον κώμη am kimmer. Bosporus Str. 7, 310. 11, 494. St.-B.-*ία*.
Das Vorgebirge liegt südwestlich der Stadt *Χερσόνασος ἁ ἐν Ταυ-*
ρικᾷ, Str. 7, 308 *ἐν ᾗ τὸ τῆς Παρθένου ἱερόν, δαίμονός τινος, ἧς ἐπώ-*
νυμος καὶ ἡ ἄκρα ἡ πρὸ τῆς πόλεώς ἐστιν ἐν σταδίοις ἑκατόν, καλουμένη
Παρθένιον, ἔχον νεὼν τῆς δαίμονος καὶ ξόανον. Das Dorf liegt zwischen
Pantikapaion und Herakleion, *καθ᾽ ἣν στενώτατος ὁ εἰσπλοῦς*, gegenüber dem Dorf Achilleion auf der asiatischen Seite.

Auf Leros wurde ebenfalls eine *Παρθένος*, später als Artemis verehrt, sie hatte dort Tempel und Priesterin [1]);

Παρθένιον Ortschaft Leros, Norden Stad. 283.

Die Insel heißt heute *Παρθένι*, Roß II 120 f.

Ποσειδῶν.

Ποτιδανία	Ätolien	Thuk. 3, 96.
Ποσίδειον	Euböa	IG I 37, 80.
Ποτίδαια	Chalkidike	Thuk. 1, 56.
Posidea	Äolis	Plin. 5, 121.
Ποσειδανία	Lukanien	Head 67, Skymnos 248 f.
Ποτίδαιον	Karpathos	IG XII 1, 1033, 12. 25, Ptol. 5, 2, 19.
Ποσιδήϊον	Kilikien	Her. 3, 91.
Ποσείδιον	Syrien	Str. 16, 751.
Ποσείδιον	Demos Pellene (Achaja)	Paus. 7, 27, 8.
Ποσίδαον	Phyle Argos	Rev. archeol. 1885, 577 ff. Lebas.
Ποσοιδαία	Phyle Mantinea	IG V 2, 271, 14.
Ποσειδωνιάς	Phyle Nikomedia	CIG 3774 f.
Ποσειδωνιάς	Phyle Magnesia	Kern 90.
Ποσειδωνιακόν	Bergwerksgelände	Attika IG II 781, 9 f.
Ποσιδάνιν χωρίον	Thera	IG XII 3, 345, 6.

---

1) Ath. 14, 655 c *ἱερὸν τῆς Παρθένου ἐν Λέρῳ*, CIG 2661 b *Νόσσις Θεοκλέος*
καὶ Βιττοῦς ἱερατεύσασα Παρθένῳ. Die Perlhühner, *μελεάγριδες* waren Eigentum
der *'Ιοκάλλιδος τῆς ἐν Λέρῳ* (aus *Λέρνη* Gruppe 349, 5) *παρθένου, ἣν τιμῶσι δαι-*
μονίως.

74

Ποσειδῶνος φυλή	Phyle Dorylaion	GGA 159 (1897), S. 401.
Ποσείδιον	Vg. Epirus	Str. 7, 324.
Ποσείδιον	Vg. Phthiotis	Str. 7, 330 fr. 32.
Ποσειδώνιον	Vg. Chalkidike (Pallene) Thuk. 4, 129.	
Ποσιδήϊον	Vg. Makedonien, südl. von Βισαλτία Her. 7, 115.	
Ποσείδιον	Vg. Bithynien, Propontis Ptol. 5, 1, 2.	
Ποσείδιον	Vg. Bithynien, Pontus Arr. p. p. Eux. 19.	
Ποσείδιον	Vg. Chios	Str. 14, 645.
Ποσείδιον	Vg. Samos	Str. 14, 637.
Ποσείδιον	Vg. Karien, südwestl. von Didyma Str. 14, 632.	
Ποσείδιον	Vg. Karien, rhodische Chersones Stad. 268 f.	
Ποσείδιον	Vg. Kilikien	Skyl. 102.
Ποσείδιον	Vg. Arabien	Diod. 3, 42, 1.
Ποσειδώνιον	Vg. Rhegion	Str. 6, 257.
Ποσειδῶνος βωμοί	Vg. Afrika, b. Hippon Diarrhytus Ptol. 4, 3, 2.	

Am ältesten und bodenständigsten ist der Kult des Gottes in Mittelgriechenland und in der nördlichen Peloponnes [1]), besonders in Aigai, Helike und Aigion in Achaja sowie in Troizen. Das achäische Vorgebirge Rhion zwischen Aigion und Patrai trug ein Poseidonheiligtum (Str. 8, 336), ein Demos der landeinwärts gelegenen Stadt Pellene heißt nach dem Gott, ebenso auf der anderen Seite des Isthmos nordöstlich von Naupaktos eine im Inneren Ätoliens liegende befestigte Ortschaft der Apodoter Ποτιδανία. Die Korinther nannten ihre unter Periandros gegründete (Nikol. Dam. FHistGr II, 3. 358 Jac. fr. 59) Kolonie auf der Chalkidike Ποτίδαια, welche Kassander in Κασσάνδρεια umbenannte, und das Vorgebirge auf der Halbinsel Pallene vor Potidaia Ποσειδώνιον, ferner das Vorgebirge zwischen 'Ογχησμός und Βουθρωτός in Chaonien gegenüber Kerkyra Poseidion. Das Vorgebirge Ποσείδιον an der Ostküste der Chalkidike südlich von Bisaltia wird auf ionische Seefahrer zurückgehen, vermutlich solche aus Euböa, wo die attischen Tributlisten des 5. Jahrhunderts Ποσίδειον ἐν Εὐβοίᾳ bezeugen; gegenüber der Insel in der Phthiotis liegt ein Ποσείδιον μεταξὺ Μαλιακοῦ καὶ Παγασιτικοῦ (sc. κόλπου Str.).

1) Diod. 15, 49, 4 (Ephoros) διὰ τὸ δοκεῖν τὸ παλαιὸν τὴν Πελοπόννησον οἰκητήριον γεγονέναι Ποσειδῶνος καὶ τὴν χώραν ταύτην ὥσπερ ἱερὰν τοῦ Ποσειδῶνος νομίζεσθαι.

Der Schiffskatalog führt Il. 2, 506

'Ογχηστόν ϑ' ἱερόν, Ποσιδήϊον ἀγλαὸν ἄλσος

im Innern Böotiens östlich von Haliartos auf. In Nisaia, Megaras Hafen, lag ein Poseidonion (Thuk. 4, 118, 5), in Byzantion und Chalkedon erscheint Poseidon auf Münzen (Head 231. 438); da ist es nicht ausgeschlossen, daß die Phyle in Nikomedia dem kultischen Erbe des megarischen Astakos zuzurechnen ist. In der Nähe der megarischen Kolonie Herakleia Pontike liegt ein Vorgebirge Ποσίδειον später Ποτίστεα (Anon. p. p. Eux. 12) zwischen Metroon und Tyndaridai. Das bithynische Vorgebirge an der Propontis auf der Halbinsel des 'Αργανϑώνιον ὄρος kann von Megarern oder Ioniern benannt sein.

Posidea im Inneren der kleinasiatischen Äolis — (Plin.) et intus Aegaeae, Itale, Posidea, Neon Tichos, Temnos — wird eher äolischen Siedlern aus Hellas zuzuschreiben sein als asiatischen Ioniern, welche ihrem Bundesgott sonst keine Städte geweiht haben, er ist bei ihnen bereits ausschließlich zum Gott des Meeres geworden, was er in Posidea offensichtlich ebensowenig ist wie in den peloponnesischen Phylen und Ποτιδανία in Ätolien; Attika wurde u. a. Ποσειδωνία genannt (Str. 9, 397), der in Attika seit ältester Zeit verehrte Gott hat am Sunion einem Grubenfeld der attischen Bergwerke den Namen gegeben, ἐπὶ Σοννίῳ Ποσειδωνιακόν IG II 781, 9 f.

Der an der Südwestspitze Euböas in Γεραιστός verehrte Ποσειδὰν ὁ Γεραίστιος erscheint in Ionien und in der Peloponnes Geraesticus portus Hafen unweit Teos Liv. 37, 27, 9.

Γεραιστία   Phyle Troizen BCH X (1886) 141, B 12.

Γεραίστιον   Ort Arkadien Et. M. 204, 44.

Str. 8, 373 Τροιζὴν δὲ ἱερά ἐστι Ποσειδῶνος, ἀφ' οὗ καὶ Ποσειδωνία ποτὲ ἐλέγετο; nach Paus. 2, 30, 8 war Ποσειδωνιάς ein Name von Hypereia oder Antheia, aus deren beiden Synoikismos Troizen hervorgegangen sein soll; vgl. St. B. ἐκαλεῖτο δὲ 'Αφροδισιὰς καὶ Σαρωνία καὶ Ποσειδωνιὰς καὶ 'Απολλωνιὰς καὶ 'Αϑανίς. In Troizen werden wie Γεραιστός Γεραίστια gefeiert, in Troizen, Lakonien, Kos und Kalymna ist Γεραίστιος bzw. Γεράστιος Monatsname, auf Kos kommen Personennamen wie Γεραστιφάνης und Γέραστις vor (Sittig 75).

Argos hatte eine Phyle Posidaon, Mantinea eine Ποσοιδαία; eine Ποσειδῶνος λίμνη bei Αἰγειαί in Lakonien erwähnt Paus. 3, 21, 5.

Poseidon Γενέϑλιος (Heiligtum in Sparta Paus. 3, 15, 10), Γενέσιος, der Gott der Zeugung, erscheint in

Γενέθλιον Ort Argolis, bei Trozien Paus. 2, 32, 9.
Γενέσιον Ort Argolis, bei Lerne   Paus. 2, 38, 4 [1]).
Bedeutsam ist der achäische und troizenische Poseidon für die
Namen überseeischer Kolonien geworden. Achaier und Troizenier
gründeten Sybaris, Troizenier (?) aus Sybaris [2]) Poseidonia in Lukanien; aus dem 5. Jahrhundert ist numismatisch die Form *Ποσει-
δανιάτας* erhalten (Head. 67). Der Golf hieß nach der Stadt *Ποσει-
δωνιάτης κόλπος* Str. 6, 252. Das *Ποσειδώνιον* bei Rhegion verdankt
seinen Namen eher den Chalkidiern als den Troizeniern.
    Auf Karpathos liegt *Ποτίδαιον*, Ptol. *Ποσείδιον πόλις*, IG XII 1,
978, 7; 1033, 12 ἀ *κτοίνα* ἀ *Ποτιδαιέων*, ebd. 25 ἐν *Ποτιδαίῳ* ἐν τῷ ἱερῷ
τᾶς *'Αθάνας* τᾶς *Λινδίας*; in *Βρυκοῦς* auf Karpathos wurde der rho-
disch-karpathische *Ποτειδὰν Πόρθμιος* verehrt IG XII 1, 1031, 12.
1032, 34 u. ö. Karpathos gehört siedlungsgeschichtlich zu Rhodos,
nach Rhodos brachten die Argiver den Gott mit, vgl. auf Nisyros
Ποσειδᾶνι 'Αργείῳ IG XII 3, 103, 13.
    Die beiden Vorgebirge von Karpathos hießen *'Εφιάλτειον* und
Θοάντειον Ptol. 5, 2, 19; die Aloaden Ephialtes und Otos gelten als
Söhne Poseidons Od. 11, 305/8. Auf Rhodos hieß ein Küstenstrich
τὸ *Θοάντειον*, ἀκτή τις Str. 14, 655; ob da ein Gott zugrunde liegt, ist
ungewiß, um eine auf den Inseln, besonders Lemnos, häufiger erscheinende Sagengestalt handelt es sich jedenfalls, der Personennamen in Lindos, Knidos, Jasos, Milet und Magnesia entsprechen
(Roschers Lex. V 803).
    Die Ionier haben ihrem Bundesgott Vorgebirge auf Chios und Sa-
mos geweiht, sowie südwestlich von Didyma an der milesisch-kari-
schen Grenze, wo ein berühmter Altar des Gottes stand, Str. 14, 633
ἐπὶ τῷ *Ποσειδίῳ βωμός* [3]). Auf der rhodischen Chersones vor Physkos

---

1) ἔστι δὲ ἐκ *Λέρνης* καὶ ἑτέρα παρ᾽ αὐτὴν ὁδὸς τὴν θάλασσαν ἐπὶ χωρίον ὃ *Γενέσιον*
ὀνομάζουσι . πρὸς θαλάσσῃ δὲ τοῦ *Γενεσίου Ποσειδῶνος* ἱερόν ἐστι οὐ μέγα. Damit
ist τὸ *Γενέθλιον* Paus. 8, 7, 2 identisch, wo die Argiver von altersher dem Poseidon aufgezäumte Rosse ins Meer versenkten, Hitzig-Blümner z. St., Gruppe
1159, Anm. 4. *Γενέση πόλις Λακωνικῆς* St. B. würde in diesen Zusammenhang
passen, wenn nicht die Form zur Vorsicht mahnte.
    2) Aristoteles Polit. 5 cap. II 1303 A 28 ff. οἷον *Τροιζηνίοις 'Αχαιοὶ* συνῴκησαν
Σύβαριν, εἶτα πλείους οἱ *'Αχαιοὶ* γενόμενοι ἐξέβαλον τοὺς *Τροιζηνίους*, ὅθεν τὸ
ἄγος συνέβη τοῖς *Συβαρίταις*.
    3) Armin v. Gerkan, Der Poseidonaltar bei Kap Monodendri, Milet Bd. I
Heft IV.

n Karien liegt ein *Ποσείδιον*, ein weiteres nennt Ps.-Skylax in Kilikien östlich von *Ἀνεμούριον*.

Ποσιδήϊον πόλις, τὴν Ἀμφίλοχος ὁ Ἀμφιαρέω οἴκισεν ἐπ᾽ οὔροισι τοῖσι Κιλίκων τε καὶ Συρίων (Herodot), erweist sich durch den Oikisten als argivisch wie Mallos, nach Str. 14, 675 Gründung des Amphilochos und Mopsos, und Tarsos, argivische Gründung nach Str. 14, 673. 16, 750 [1]).

Ποσείδιον πολίχνη ist ein syrisches Hafenstädtchen in der Kassiotis südlich der Orontesmündung, der Name ist offenbar hellenistisch wie der von Herakleia, südlich von Poseidion. Im Roten Meer erwähnt Diodor ein Vorgebirge Poseidion und Arrian eine Insel, *Ποσειδῶνος ἱρὴ ἐλέγετο εἶναι καὶ ἄβατος*; bei Hippon Diarrhytos, in Zeugitana, führt Ptol. *Ποσειδῶνος βωμοί* an. Damit sind die hellenistischen Ortsnamen erschöpft.

Bei einer Überschau über die nach Poseidon genannten Ortschaften ergibt sich, daß ihre Herkunft durchweg nach Mittelgriechenland, Achaja, Argolis weist: neben *Ποτιδανία* in Ätolien und *Ποσίδειον* auf Euböa tritt Posidea in der Äolis, die korinthische Kolonie auf der Chalkidike, die sybaritische am Tyrrhenischen Meer und die argivischen auf Karpathos und in Kilikien. Die genannten Städte sind außer der äolischen und karpathischen, für die es zu vermuten ist, alle ausdrücklich bis spätestens für das 5. Jahrhundert bezeugt. Außer dem syrischen Seestädtchen, das vermutlich unter das Schema Appian Syr. 57 fällt (s. o. S. 15, 32), werden nach Alexander keine Städte mehr nach Poseidon benannt, Potidaia auf der Chalkidike wird zu Kassandreia, nichtgriechische Gottheiten werden am wenigsten mit Poseidon identifiziert, so fehlen Städte von ihm in Ägypten und im Westen, außer Poseidonia, dessen Spuren zur Peloponnes führen. Potidania in Ätolien sowie Posidea in der Äolis liegen wie die Phylen in Mantinea, Argos und Pellene im Inneren des Landes, nicht am Meer.

Aus diesen Tatsachen geht einwandfrei hervor, daß nicht der panhellenische Gott des Meeres die theophoren Städtenamen erwirkt hat, sondern der ältere peloponnesische und mittelgriechische chtho-

---

1) In Mallos bezeugt Paus. 1, 34, 3 ein dem Amphilochos gehöriges *μαντεῖον ἀψευδέστατον τῶν ἀπ᾽ ἐμοῦ*. Der Lapithe und mantische Heros Mopsos hat in Thessalien Stadt und Hügel *Μόψιον*, in Kilikien gehören ihm *Μοψουεστία* und *Μόψου κρήνη*.

nische Gott [1]); sobald dieser vergessen war und sein Kult auch nicht
mehr mittelbar nachwirkte, als Poseidon nur noch Meergott blieb,
hört die Entstehung theophorer Ortsnamen auf. In Hellas selbst war
der Kult des mächtigen chthonischen Gottes entscheidend, nicht
minder in den überseeischen Kolonien, in die der alte Gott seine
Gläubigen glücklich geleitet hatte und sich damit als Herrscher auch
über das Meer erwiesen hatte; seine Funktion als Meergott ist dabei
sekundär hinzugekommen. Archeget der Kolonisatoren wie Apollon
ist er nie geworden; keine Stadt haben die asiatischen Ionier nach
ihrem Bundesgott genannt, außerhalb der Ägäis auch keine Vorgebirge, nicht einmal im Schwarzen Meer, wo die Dioskuren, Achilleus
und Herakles seine Stellung in Kult, Gebet und Glauben einnehmen,
entsprechend in den Ortsnamen. Das Vorgebirge bei Herakleia Pontike weist nach Megara, also zum Heimatbereich des Gottes. Spezifisch dorisch ist der Gott auch in den dorischen Ortsnamen nicht;
das zeigt neben nichtdorischen Namensformen seine untergeord-
nete Rolle in den spartanischen Kolonien; in der Kyrenaika hinter-
läßt Poseidon keine Spur in Ortsnamen und Vorgebirgen, da wirken
Aphrodite, die Dioskuren, Herakles, Apollon Karneios.

Alter und Verteilung der Ortsnamen bekräftigen die Zugehörigkeit
des Gottes zur vordorischen, achäisch-äolischen Schicht in Hellas [2]).

Δημήτηρ.

Δώτιον πεδίον Thessalien, Pelasgiotis Hom. Hymn. Askl. (16), 3
                Str. 10, 442.
Δώτιον   Stadt Thessalien Plin. 4, 32. St. B.

---

1) Ob als „Gatte der Erde", soll damit angesichts der verschiedenen, nicht
ohne weiteres aus dem Griechischen, etwa von πόσις, potis, ableitbaren Formen
nicht bejaht werden. Die arkadische Form lebt in der Phyle Ποσοιδαία, die
dorische in Ποτίδαια, nordwestgriechisch ist Ποτιδανία; der Gott in beiden ist
jedoch älter; die erhaltene Form Ποτίδαιον auf Karpathos erweist ebensowenig
Dorertum wie Ποσιδήϊον in Kilikien Ioniertum des Gottes, er ist alter Pelopon-
nesier. Eine arkadisch-achäische und westgriechische Mischform ist Ποσειδανία.
2) Vgl. jetzt die Inschrift mykenischer Zeit aus Asine in der Peloponnes (bei
Nauplia), Axel W. Persson, Schrift und Sprache in Alt-Kreta, Upsala 1930, und
Ivar Lindquist, A propos d'une inscription de la fin de la période Mycénienne,
Lund 1931, beide Schriften sind mit großer Zurückhaltung zu benutzen.

Δώτιον   Ebene Chios Bürchner Berl. Phil. Woch. 1900, 1629
(RE 5, 1611)
werden nicht auf das den Namensformen der Göttin *Δωίς* und *Δω-*
μάτηρ (Hom. Hymn. Dem. 122, Hoffmann, Gr. Dial. II nr. 153
S. 108) zugrunde liegende Element *Δω-* zurückgehen, sondern zu
den illyrischen Städtenamen *'Αρ-δώτ-ιον*, Epi-dot-io zu stellen sein,
Krahe 87; 115, vgl. die ätolischen *'Απο-δωτ-οί*. Thessalisch heißt die
Göttin auch *Δαμμάτηρ*.

Bei *Πύρασος* am Golf von Pagasai in der Phthiotis lag ein *Δήμητρος*
τέμενος Il. 2, 695, ein Heiligtum mit einem Hain, Str. 9, 435, nach
welchem die später zusammen mit Phylake durch einen Synoikismos in Thebai Phthiotides aufgegangene Stadt Pyrasos selbst genannt wird.

Δημήτριον = Pyrasos Skyl. 63 (vor *Θῆβαι*), St. B., Liv. 28, 6, 7.

Die Städte namens *Δημητριάς* sowie die gleichnamige attische
Phyle heißen nach Demetrios Poliorketes bzw. anderen Trägern des
Namens; der Göttin gehören

Δημητριακόν Bergwerksgelände Attika IG II 780, 2. 9.

Δημήτριον   *πόλις Αἰολίδος*   St. B.

Δημήτριον   Ort Bithynien, zwischen Nikomedia und Klaudiopolis
Rav. Anon. 112, 11.

Δαματρῦς   Berg Bithynien, bei Chrysopolis Georg. Cedr. 1, 783.

Δημητριάς   Phyle Amastris   Ath. Mitt. 12, 182, Nr. 13.

Δαματρῦς scheint mir ein Erbe der megarischen Kolonisation zu
sein, in deren unmittelbarer Nähe der Berg liegt, nördlich von Chalkedon, gegenüber Byzantion [1]). In Megara wurde Demeter am
stärksten nächst Apollon verehrt, auf der Burg lag ihr Heiligtum,
μέγαρον genannt (Paus. 1, 39, 5. 40, 6); sie hatte Kult als *Θεσμοφόρος*
(Paus. 1, 42, 6), in Nisaia als *Μαλοφόρος* (Paus. 1, 44, 3), als welche
sie in der Enkelkolonie Selinus wiederkehrt. Aus Byzanz sind Münzen
mit dem Kopf der Demeter erhalten, Head 230 f. Der ebenfalls sehr
spät bezeugte bithynische Ort Demetrion könnte auf die Megarer
von Astakos zurückgehen.

Die Phyle in Amastris erscheint zusammen mit einer *Διοσκουριάς*

---

1) Muster für die Endung in *Δαματρῦς* waren Namen wie *Διονῦς* in Thrakien
und Kleinasien, *Διονῦς* (*Δεονῦς*): *Διονύσιος* entsprechend *'Απολλῶς* : *'Απολλώνιος*,
Γοργώς : *Γοργώπας*. Vielleicht ist *Δεονῦς* zu schreiben, Sittig 85, Anm. 2, Bechtel,
Histor. Personennamen des Griechischen, 526 und 528; entsprechend dann auch
Δαματρῦς. Vielleicht sind auch thrak. Namen wie *Βενδῖς* Muster gewesen.

80

und Ἀμαστριάς, sie wird also theophor sein. Amastris ist um 300 aus dem durch die Fürstin Amastris vollzogenen Synoikismos von Sesamos, Kytoros, Kromna und Tieion entstanden, die Fürstin Amastris war die Gattin des Tyrannen Dionysios von Herakleia Pontike, wo Demeter verehrt wurde [1]); auch diese Spur führt somit nach Megara.

Der starke Demeterkult der dorischen Hexapolis lebt noch heute in der Ortschaft Damatrion [2]) auf Rhodos fort.

Ποτνιαί Ort Böotien, unweit Theben Xen. Hell. 5, 4, 51 wird mit Ὑποθῆβαι (Il. 2, 505) identifiziert bei Str. 9, 435; bei den Ruinen von Potniai lag ein Hain der Demeter und Kore, die dort Bilder und Kultus (Schweineopfer) hatten, Paus. 9, 8, 1 τὰ δὲ ἀγάλματα τὰ ἐπὶ τῷ ποταμῷ τῷ παρὰ τὰς Ποτνιὰς + + (Ποτνιάδας?) θεὰς ὀνομάζουσιν. Kretschmer führt den Ortsnamen direkt auf eine göttliche Πότνια zurück, von der er durch Plural und Akzent unterschieden sei, wie bei Ἀλαλκομεναί (s. o. u. Ἀθηνᾶ, S. 49 f.) und Μελαιναί, ebenso Sittig 28, Anm. 3. Bursian II 230 setzt von vornherein die Πότνιαι als namengebende Göttinnen voraus [3]).

Ich vermute im Anschluß an die Angabe des Pausanias, daß die Bezeichnung Ποτνιαί nicht primär einer bewohnten Ortschaft galt, sondern dem Platz mit den ἀγάλματα der beiden „Herrinnen", um den sich dann schließlich eine kleine Ansiedlung entwickelte, die den Namen des Kultplatzes beibehielt. Jedenfalls darf die Form Ποτνιαί nicht als unbedingt sicherer Beleg für die von Usener, Kretschmer und Gruppe angenommene Art der Ortsnamenbildung aus schlichtem Singular bzw. Plural des Gottesnamens herangezogen werden, da sie von Haus aus überhaupt keinen Ortsnamen im prägnanten Sinne darstellt.

Μελαιναί, Demos in Attika, Ort in Arkadien (auch Μελαινεαί), ferner auf Thera [4]), in Troas (κώμη), Lykien und Kilikien (τόπος) — weist

---

1) Hes. Πάμπανον· ἡ Δημήτηρ ἐν Ἡρακλείᾳ. Παμπανώ Gruppe 1179 Anm. 3.

2) Hiller v. Gärtringen, Ath. Mitt. (1892) XVII S. 307. — Δημητριάς ist einer der vielen poetischen Namen für Paros, Nikanor bei St. B. Ptol. 4, 7, 2 Δήμητρος Σκοπιᾶς ἄκρον an der äthiopischen Küste des arabischen Meerbusens heißt bei Str. 16, 771 αἱ Δημητρίου σκοπιαί.

3) Ebenso Ilberg, Roschers Lex. III 2909, Gruppe 744, Solmsen, Idg. Eigennamen 75, Wilamowitz, Pindaros 24 Anm. 1.

4) IG XII 3, 330, 33 χωρίοις τοῖς ἐμ Μελαιναῖς, 73 χωρίων τῶν ἐμ Μελαιναῖς. Nach Gruppe 18 Anm. 11 soll wie bei Eleusis Abhängigkeit von Attika vorliegen. Auch spontane Entstehung ist denkbar.

nach Usener 233 auf den Kultus der *Μέλαιναι*, vgl. die *Δημήτηρ Μέλαινα* von Phigalia, von welcher Kretschmer 420 (ebenso Gruppe und Solmsen) den Ortsnamen unmittelbar ableitet. Die theophore Interpretation scheint mir in diesem Falle wie bei *'Αλαλκομεναί* gegenüber derjenigen auf Grund der Eigentümlichkeiten der umgebenden Natur durchaus im Nachteil zu sein; außer dem arkadischen Ort bieten alle Orte dieses Namens für jene überhaupt keinen Anhaltspunkt, auch für den arkadischen ist sie keinesfalls erforderlich oder gar erwiesen. Es liegt wirklich kein Grund vor, *Μέλαιναί* von analog benannten Orten wie *'Ερυθραί*[1]), *Λευκαί*, *Κυάνεαι* zu trennen. Der Akzentwechsel charakterisiert den Eigennamen als solchen, weiteres darf aus ihm nicht gefolgert werden (s. o. S. 11). Grasberger 249 denkt beim attischen Demos an die dunklen Wälder der Umgegend.

Δέσποινα Paus. 8, 53, 2 — *Φαιδρίου δὲ ὡς πέντε ἀπέχει καὶ δέκα σταδίους κατὰ Δέσποιναν ὀνομαζόμενον 'Ερμαῖον · ὅροι Μεσσηνίων πρὸς Μεγαλοπολίτας καὶ οὗτοι, καὶ ἀγάλματα οὐ μεγάλα Δεσποίνης τε καὶ Δήμητρος* — wird von Eijkman 21 als „plaats" (= Ort) in Arkadien aufgeführt. Da wird es sich um eine Kultstätte am Wege handeln, wie bei *Ποτνιαί* ursprünglich.

Γραῖα lautet nach Hesych eine Epiklese der Demeter, *Γραῖα · πόλις, γῆ. καὶ Δημήτηρ.* Auf der Suche nach ihrer Tochter nahm sie der Sage nach die Gestalt einer alten Frau an (vgl. Gruppe 1186); vielleicht hat dieser Zug ätiologische Bedeutung, etwa auch für theophore Interpretation von Ortsnamen *Γραῖα* (s. u.).

Γραίας αὐλή Ort Phthiotis   BCH 25, 340.

Γραϊάδαι   *πάτρα* Kamiros (Rhodos) IG XII 1, 695, 22.

In diesen beiden Fällen könnte durchaus an Demeter gedacht werden, vgl. *Δημήτριον* in der Phthiotis, Damatrion auf Rhodos.

Γραίας γόνυ, Landvorsprung und Hafen der Marmarika (Mareotes Nomos) Stad. 18 ff., Ptol. 4, 5, 6 bleibt hinsichtlich der Zuweisung ungewiß, ebenso *Γραῖα* in Böotien zwischen Oropos und Tanagra, Il. 2, 498, später mit Tanagra identifiziert (Str. 9, 404), und *Γραῖα* im Gebiet von Eretria St. B.; die beiden letztgenannten Orte hängen offensichtlich wie der des attischen Demos *Γραῆς* IG II 991 mit dem Volksnamen der Graer (vgl. Wilamowitz, Oropos und die Graer,

---

1) Erythrai in Ionien wird wohl nur wegen der Namensgleichheit als Gründung von Erythrai in Böotien betrachtet, Str. 9, 404.

Hermes 21, 1886, S. 114) zusammen und sind somit nicht mit Gruppe 71 von der Göttin *Γραῖα* herzuleiten. Sekundäre Beziehung soll damit nicht abgestritten werden; sie ließe sich durch *γραὸς στῆθος* Xen. hell. 5, 4, 50 belegen. Vielleicht ist mit der von Hesych erwähnten, *Γραῖα γῆ* die *Γραϊκὴ γῆ*, das Gebiet von Oropos, gemeint. Die Diskussion des wahrscheinlich von den Messapiern nach Italien gebrachten Griechennamens liegt außerhalb des hier gesteckten Rahmens, theophor ist er nicht, ebensowenig wie etwa *Πανδοσία* in Epirus und Bruttium = messap. Bandusia Krahe 114; die von Panofka 1840, 347 und Gruppe 744 als namengebend herangezogene Demeter Pandora (Pandoteira) ist durchaus fernzuhalten.

Ἑστία.

Ἑστιαία Stadt Thessalien, am Olymp Apd. 3, 7, 3, 4, St. B.
Ἱστιαία Stadt Euböa   Il. 2, 537, IG I 28. 231. 233.
Ἑστιαία Stadt Akarnanien St. B.
Ἑστιαία Demos Attika, ägäische Phyle IG I 20. 294, II 991 u. ö.
Ἱστιάς Phyle Magnesia/M. Kern 2.

Am Olymp liegt eine Stadt *Ἑστιαία*; *Ἑστιαιῶτις* heißt nach Dion. Hal. 1, 18, 1 die Landschaft um den Olymp und Ossa, im allgemeinen heißt so der nordwestliche Teil Thessaliens Str. 9, 430 u. a. Ob der Name sich mit der Stadt am Olymp verknüpfen läßt, ist nicht ganz sicher (Str. 9, 437 ist für die Erklärung unergiebig), von der Göttin läßt er sich, wenigstens indirekt, nicht trennen [1]); übrigens heißt auch die Gegend von Histiaia auf Euböa *Ἱστιαιῆτις γῆ* Her. 7, 175; 8, 23; *τῆς Εὐβοίας τὴν Ἱστιαιῶτιν* Str. 9, 437. 10, 445, und *Ἱστιαία* auf Euböa ist von thessalischen Perrhäbern gegründet, Skymn. 578, Str. 9, 437, deren Gebiet sich teilweise mit der thessalischen Hestiaiotis deckt. Auf den attischen Tributlisten des 5. Jahrhunderts erscheint die euböische Stadt in der attischen Form *Ἑστιαῆς*. Der Demos der *Ἱστιαιεῖς* in Eretria IG XII 9, 249 A 41

---

1) Wilamowitz I 156 Anm. 1: „Der Stadtname *Ἑστιαία* ist korrekt, aber *Ἑστιαιῶτις* kann direkt von *ἑστία* nicht kommen und bleibt problematisch, auch in seiner Bedeutung." Auf Euböa heißt die Histiaiotis nach Hestiaia, vielleicht auch in Thessalien.

u. ö. bezieht sich, wie die anderen Demen lokalen Charakters zeigen, IG XII apag. 164 f., auf die euböische Stadt; der Göttin gehören der attische Demos der ägäischen Phyle, vgl. in deren Demos Ἀγκύλη ἡ Ἑστία ὁδός (Harpokr. Suid. τρικέφαλος) bzw. ἡ Ἑστιαία ὁδος und die akarnanische Stadt.

Ἑστίαι bei Byzanz Pol. 4, 43, 5, Ἑστία (cod.) τόπος Hes. Miles. frg. 4, 22 M, FHG IV 150, war anscheinend kein bewohnter Ort, es handelt sich vermutlich um heilige Herde; Ἑστία(ι) ist jedenfalls kaum mit Usener 232 als primär theophorer Ortsname in Anspruch zu nehmen; Grasberger 288 erklärt Ἑστία und ebenso Ἑστιαία beide aus dem allgemeinen Begriff dieser Namen. Beide Auffassungen sind einseitig; die formale Bildung entscheidet vielmehr bei Ἑστιαία für theophoren Charakter, bei Ἑστία(ι) gegen ihn.

Das attische, Pindarische und delphische (ἑομεστίων Labyadengesetz C 43 f.) ε der ersten Silbe ist ursprünglich gegenüber dem auf Vokalassimilation an das ι der betonten zweiten Silbe beruhenden ionischen, äolischen und arkadischen ι. Das alte Ϝ ist in dem Genetiv eines Personennamens in Mantinea bewahrt, Ϝιστίαν IG V 2, 271, 18, wahrscheinlich auch (Ϝ)ιστίας ebd. 429, 8 Anf., angefochten von F. Solmsen, Unters. zur griech. Laut- und Verslehre, 1901, S. 214, ebenso Süß, RE VIII (1912) Sp. 1261 f.; für ursprüngliches Ϝ als Grundlage aller Formen tritt Bechtel, Gr. Dial. I (1921) 56 ein, Ϝιστίαν wird festgehalten, ebd. 3, 46; die formale Gleichung Hestia-Vesta darf als sicher gelten, Walde-Pokorny I 307, vgl. Wilamowitz I 158.

Die Gruppierung der von Hestia abgeleiteten Ortsnamen ist geeignet, die umstrittene indogermanische Herkunft der Göttin zu stützen.

Ἄρης.

τὰ Ἄρεια Ort opunt. Lokris, zw. Thronion und Skarphaia Klio 16, 170 nr. 131 Z. 12.

Ἄρειον πεδίον Ebene Thrakien Polyb. 13.

Ἀρητίς Phyle Magnesia Kern 9.

Ἄρεως νῆσος Insel Pontus Skyl. 86, Skymn. 911/3.

Ἄρειον πεδίον Ebene Kolchis Ap. Rhod. 3, 409.

Ἄρεως ἄλσος Hain Kolchis Ap. Rh. 2, 404 u. Schol., Apollod. 1, 83.

’Αρεόπολις   Ostjordanland, ῾Ir Moab Hieron. zu Jos. 15.
’Αρεόπολις   ebd., Rabbat Moab. Hierokl. 721, 6, St. B. ῾Ραβάϑ-
              μωμα.

῎Αρης, äol. ῎Αρευς, hat wenig Kult in Hellas, dem entsprechen die Ortsnamen. Kretschmer, Glotta XI 1921, S. 197, hält an dem „RächerAres" als Gott des athenischen Areopags fest, das ist umstritten; die Deutung des ἄρειος πάγος als Fluchhügel ist wegen des ε nicht einwandfrei, wahrscheinlich bedeutet er den „Kriegshügel", die Kriegsburg, wohin sich die Bewohner im Kriegsfall zurückzogen (vgl. Wachsmuth und Thalheim, RE II 627 f.). Der Name des Gottes wird von Schulze, Bechtel, Kretschmer (a. a. O. S. 196) und Kern I 118 als „Schädiger" erklärt; bereits antike Grammatiker verbanden Ares mit ἀρή. Völlig skeptisch äußert sich Wilamowitz I 321, der für die thrakische Herkunft des Gottes eintritt, vgl. außer den von ihm angeführten Belegen Oid. Tyr. 196 f.

     εἴτ᾽ ἐς τὸν ἀπόξενον ὅρμον
     Θρήκιον κλύδωνα,

wohin der Chor den ῎Αρης ὁ μαλερός verdammt. Nach Kern ist Ares erst sekundär zum Thraker geworden.

Von den Ortsnamen geht kaum einer auf ursprünglichen Kult zurück, sie scheinen durchweg sagengeschichtlich bedingt zu sein, d. h. auf mythologischen Lokalisierungen im Zusammenhang mit der griechischen Kolonisation zu beruhen, so Hain und Feld in Kolchis und die Insel vor der südlichen Pontusküste vor Κερασοῦς (Kolonie von Sinope) im Gebiet der Μοσσύνοικοι, die auch ’Αρητιάς heißt, Ap. Rhod. 2, 1031 und Schol., wie die ’Αρεία κρήνη bei Theben (Hitzig-Blümner zu Paus. 9, 10, 5). ῎Αρεος πόλις nennt Harpokration als früheren Namen von Amphipolis. ῎Αρειον πεδίον in Thrakien überliefert St. B. ἔστι καὶ Θράκης ἔρημον πεδίον, χαμαιπετῆ δένδρα ἔχον, ὡς Πολύβιος τρισκαιδεκάτῃ.

Die transjordanischen Städte namens ’Αρεόπολις beruhen (nach Baumstark, RE Suppl. III 155) auf der Identifikation des eponymen Stammgottes Moab, der neben Kamoš verehrt wurde, mit Ares.

’Ενναλία Phyle Mantinea IG V 2, 271, 5
erscheint neben einer ῾Οπλοδμία, ’Επαλέα, Ποσοιδαία und Ϝανακισία.

Ἥφαιστος.

‚Ηφαιστιακόν [1])	Bergwerksgelände Attika	IG II 782 b 14.
Ηφαιστία	Stadt Lemnos Hekataios	FGrHist. 1, 138 Jac., Her. 6, 140.
Ἡφαιστιάς	Phyle Magnesia/M.	Kern 110.
Hephaesti montes	Bergzug Lykien, Phaselis	Plin. 2, 236, vgl. Skyl. 100.
Hephaestium	civitas ebd. Plin. 5, 100, regio Sen. ep. 79, 3.	
Ἡφαίστου νῆσοι	Adiabene	St. B.
Ἥφαιστος	Stadt Ägypten	Hierokles 727, 9.
Ἡφαιστιάδες νῆσοι	Volcaniae = Lipar. Ins. Cic. nat. d. 3, 55, Plin. 3, 92.	
Ἱερὰ Ἡφαίστου νῆσος	eine der Lipar. Ins. Str. 6, 275, Ptol. 3, 4, 8.	
Ἡφαίστου ἀγορά	Krater Dikaiarcheia (Pozzuoli) Str. 5, 246.	
Ἡφαίστου βουνός	Hügel bei Neukarthago Polyb. 10, 10, 11.	

In Lykien und Karien sowie auf den Inseln der Ägäis, besonders Naxos und Samos (wo er mit Hera verbunden wurde), ist Hephaistos im Kult alt und verbreitet [2]), in Hellas nur in Attika, wo er Prometheus zurückdrängt. Oberhalb des Hafens Σιδηροῦς, nördlich vom lykischen Olymp an der Südostküste Lykiens, liegt ein ἱερὸν Ἡφαίστου Skyl. 100, ὑπὲρ τούτου (sc. Σιδηροῦς) ἐστὶν ἱερὸν Ἡφαίστου ἐν τῷ ὄρει καὶ πῦρ πολὺ αὐτόματον ἐκ τῆς γῆς καίεται καὶ οὐδέποτε σβέννυται. Dieses Feuer schildert in gleicher Weise Ktesias ap. Phot. Cod. 72, S. 46 Becker (vgl. Forbiger II 253), ihn zitiert Plin. 2, 236 und nennt im gleichen Zusammenhang die Hephaesti montes, auf denen der von Ps.-Skylax genannte Hephaistostempel anzusetzen ist. Die Gegend heißt Hephaestion (Sen.), ebenso die dortige Ansiedlung (Plin.).

Qu. Smyrn. 9, 336 nennt Lemnos πτόλιν Ἡφαίστοιο; 11, 91 ff. tötet Menelaos den Troer Archelochos,

ὅς ῥά τε Κωρυκίην ὑπὸ δειράδα ναιετάασκε
πέτρην θ' Ἡφαίστοιο περίφρονος, ἥ τε βροτοῖσι
θαῦμα πέλει · δὴ γάρ οἱ ἐναίθεται ἀκάματον πῦρ ...

---

1) Der attische Demos Ἰφιστιάδαι in der akamantischen Phyle wird nach dem 5. Jahrhundert gelegentlich Ἡφαιστιάδαι genannt, ἐν ᾧ ἦν Ἡφαίστου ἱερόν St. B.; das ist sekundär. Der lediglich (bei Erat.) Καταστερισμός 13 vorkommende attische Ortsname Ἥφαιστος kann nur als zweifelhaft notiert werden.

2) Zuerst dargestellt von Sittig 99 f., danach von L. Malten, Hephaistos, Arch. Jahrb. 1912, 232/64.

Die *Κωρυκίη δειράς* liegt entweder in Ionien, wo es bei Teos und Erythrai einen Berg *Κώρυκος* gab (Hekataios bei FGrHist. 231 Jac.) oder in Kilikien (Pape; Malten, RE VIII 319, 19 ff.); im letzten Fall könnte die *πέτρη ῾Ηφαίστοιο* zu dem Gebirgszug im südöstlichen Lykien gehören. *῾Ηφαιστία* [1]) auf Lemnos ergab sich in der 2. Hälfte des 6. Jahrhunderts dem Athener Miltiades, Her. *῾Ηφαιστιέες μέν νυν ἐπίθοντο.* Die alte Endung lautet *-ία*, Hekataios (bei St. B.) *Λῆμνος, νῆσος πρὸς τῇ Θρᾴκῃ, δύο πόλεις ἔχουσα, ῾Ηφαιστίαν καὶ Μύριναν, ὡς ῾Εκαταῖος Εὐρώπῃ*; Pol. 18, 48, 2 *῾Ηφαιστίαν.* Auf Lemnos fällt der von Zeus herabgeschleuderte Hephaistos nieder Il. 1, 593, Lemnos ist seine berühmteste Kultstätte Od. 8, 283 f.

> *εἴσατ᾽ ἴμεν ἐς Λῆμνον, ἐϋκτίμενον πτολίεθρον,*
> *ῆ οἱ γαιάων πολὺ φιλτάτη ἐστὶν ἁπασέων.*

Im Westen gehören dem Gott die liparischen Inseln. Aeoliae appellatae, eaedem Liparaeorum, Hephaestiades a Graecis, a nostris Volcaniae, Aeoliae, quod Aeolus Iliacis temporibus ibi regnavit, Plin. 3, 92. Eine Insel dieser Gruppe ist im besonderen dem Gotte geweiht, Str. 6, 275. In den phlegräischen Gefilden am Golf von Neapel heißt ein erloschener Krater bei Dikaiarchia (Puteoli) *῾Ηφαίστου ἀγορά, πεδίον περικεκλειμένον διαπύροις ὀφρῦσι, καμινώδεις ἐχούσαις ἀναπνοὰς πολλαχοῦ καὶ βρωμώδεις ἱκανῶς · τὸ δὲ πεδίον θείου πλῆρές ἐστι συρτοῦ.* Bei Neukarthago gab es fünf Hügel; einer von ihnen ist Kronos, ein anderer Hephaistos geweiht; ein dritter trug einen Asklepiostempel.

Nach einem Heiligtum des mit Hephaistos identifizierten einheimischen sizilischen Gottes *᾽Αδρανός* [2]) wurde

---

1) Wenn Meinecke, St. B. *῾Ηφαιστία, πόλις ἐν Λήμνῳ, ῾Εκαταῖος Εὐρώπῃ*, die Lesung der Codices *῾Ηφαιστία* aus paläographischen Gründen in *῾Ηφαιστιάς* ändert, dann darf diese spätere Form (Ptol. 3, 12, 44; Schol. Il. 14, 230 u. ö.) jedoch keinesfalls schon dem Text des Hekataios zugeschrieben werden.

2) Gruppe 811, Anm. 5. Ael. *περὶ ζῴων* 11, 3 *ἐν Αἴτνῃ δὲ Σικελικῇ ῾Ηφαίστου τιμᾶται νεώς ... εἰσὶ δὲ κύνες περί τε τὸν νεὼν καὶ τὸ ἄλσος ἱεροί ...* 11, 20 *ἐν Σικελίᾳ ᾽Αδρανός ἐστι πόλις ... καὶ ἐν τῇ πόλει ταύτῃ ᾽Αδρανοῦ νεώς, ἐπιχωρίου δαίμονος: πάνυ δὲ ἐναργῆ φασιν εἶναι τοῦτον ... κύνες εἰσὶν ἱεροί ...* Den Namen des Gottes Adranos stellt Krahe 78 zu den illyrischen Ortsnamen *῎Αδρα, ῎Αδριον ὄρος, ᾽Αδρία*, Adriaticum Mare; über illyrische Namen auf Sizilien ebd. S. 105 f. Adria könnte auch etruskisch sein, im Etrusk. bedeutet das Stammwort wahrscheinlich „Häuser", s. Varro l. L. V 161 ab Atriatibus Tuscis, Livius V 33 Hadriaticum mare ab Hadria, Tuscorum colonia, vocavere Italicae gentes.

Ἀδρανός Stadt ὑπ’ αὐτὸν τὸν τῆς Αἴτνης λόφον Diod. 14, 37, 5
am gleichnamigen Fluß genannt, von Dionysios I. 400 gegründet.

Ἀφροδίτη.

Ἀφροδισιακόν Bergwerksgelände Attika   IG II 780, 5. 782 b 2.
Ἀφροδίσιον   χωρίον bei Megalopolis, Ark. Paus. 8, 44, 2.
Ἀφροδιτία   Lakonien, gegb. Kythera   Thuk. 4, 56, St. B.
Ἀφροδισιάς   Insel Kyrenaika   Her. 4, 169, Skyl. 108.
Ἀφροδισιάς   Stadt knidische Chersones   St. B. 4.
Ἀφροδίσιον   Vorgebirge ebd.   Mel. 1, 84, -ιάς 5, 104.
Ἀφροδισιάς   Karien   Str. 12, 576. 13, 630, Paus. 1, 26, 5.
Ἀφροδίσιος λιμήν Kilikien Skyl. 102, Ἀφροδισιάς Diod. 19, 64, 5.
   Vorg. ebd. promunturium et oppidum Veneris Plin. 5, 22.
Ἀφροδίσιον   Stadt Kypros, östl. v. Lapethos Str. 14, 682; -ιάς
   St. B. 10.
Ἀφροδίσιος   Fluß bei Pyrrha ¹) Plin. 31, 10 (Theophr. h. pl. 9, 18,
   10).
Ἀφροδισιάς   St. thrakischer Chersones Ptol. 3, 11, 7; -της πόλις St. B.
Ἀφροδισιάς St. Skythien, Westküste d. Pontus Plin. 4, 44, St. B. 8.
Ἀφροδισιάς   Phyle Dorylaion   GGA 159 (1897) 400 f.
Ἀφροδισιάς   Phyle Magnesia   Kern 11.
Ἀφροδισιάς   Insel pers. Meerbusen   Plin. 6, 110.
Ἀφροδίτης νῆσος arab. Meerbusen   Ptol. 4, 5, 35.
Ἀφροδίτης ὅρμος = Μυὸς ὅρμος äg. Hafen, Rotes Meer, Diod. 3, 39. 1.
   Str. 16, 769.
Ἀφροδισιάς   Insel bei Alexandreia   St. B.
Ἀφροδίτης πόλις Unterägypten, N. Prosopites, Delta   Str. 17, 802.
Ἀφροδίτης πόλις Unterägypten, N. Leontopolites   Str. 17, 802.
Ἀφροδίτης πόλις Heptanomis, N. Aphroditopolites   Str. 17, 809.
Ἀφροδίτης πόλις Thebais, Nomos Aphroditopolis   Str. 17, 813.
Ἀφροδίτης πόλις Thebais, Nomos Hermonthites   Str. 17, 817.

---

1) Ob Pyrrha in Thessalien oder auf Lesbos, geht aus dem Zusammenhang
nicht hervor; der gleiche Fluß, der die Eigenschaft besitzen soll, Frauen steril
zu machen, wird von Theophrast erwähnt, allerdings ohne Namen; Pyrrha wird
zwar genannt, welches, bleibt jedoch unklar (im folgenden erscheint Herakleia
in Arkadien, ferner Achaja, Troizen, Thasos).

Ἀφροδιτώ [1]) Oase Oberägypten It. Ant. 172, 3, Rav. An. II 7, p. 59.
Ἀφροδίσιον Ort Byzakion, nördl. v. Ἄχολλα Ptol. 4, 3, 2.
Ἀφροδίσιον κολωνία Numidien, bei Hippo Regius Ptol. 4, 3, 2.
Ἀφροδισιάς Insel bei Cadix Plin. 4, 120, St. B.
Ἀφροδίσιον ὄρος Lusitanien App. Iber. 66.
Ἀφροδίσιον Vorg. östl. Pyrenäen [2]) Str. 4, 181, vgl. Ptol. 2, 6, 11. 20.

Wenn wir von der Summe der aufgezählten Ortsnamen die auf die analoge ägyptische (hauptsächlich Hathor, später auch Isis) und iberische Göttin sowie auf die römische Venus zurückgehenden abziehen, dann bleibt nur eine geringe Anzahl, obwohl die Göttin überall in der griechischen Welt Verehrung genoß, aber eben nur in einem beschränkten Bereich als Hauptgottheit. Aphrodisias in Thrakien wird vor Ptolemaios nicht erwähnt, Aphrodisias am Pontus nur bei Plinius und Stephanos, sehr alt sind die Städte offenbar nicht. Das Vorgebirge an der Grenze von Gallia Narbonensis und Iberien mit dem ἱερὸν τῆς Πυρηναίας Ἀφροδίτης Str. 4, 178 könnte schon von phokäisch-massalischen Seefahrern benannt sein, zu belegen ist es nicht; die Göttin ist iberisch, wie sonst in Spanien, wo auch eine Semitin mitgewirkt haben kann. Es bleiben somit als echte Belege die Städte in Lakonien, Karien, Kilikien und auf Kypros sowie die Ortschaft im südlichen Arkadien am Wege von Megalopolis nach Pallantion und Tegea, wo sich auch ein Ἀθήναιον χωρίον findet; im nordwestlichen Arkadien zwischen Psophis und Thelpusa gab es einen δρυμὸς Ἀφροδίσιος Paus. 8, 25, 1. Elis ist μεστὴ Ἀρτεμισίων τε καὶ Ἀφροδισίων καὶ Νυμφαίων ..., doch Ortschaften, die nach der Göttin heißen, gibt es außer den genannten nicht. Alt ist schließlich die bei Herodot und Ps.-Skylax bezeugte Insel Aphrodisias vor der Küste von Kyrene, wo Pind. Pyth. 5, 24 einen κᾶπος Ἀφροδίτης nennt. Das führt auf Thera [3]), weiter nach Lakonien.

1) St. B. ἐνάτη Αἰθιοπίας. — Völlig unverständlich bleibt mir Streck, RE Suppl. I 106 „Aphroditis, Ortschaft in Nordarabien, Geogr. Rav. p. 59 S... „wahrscheinlich identisch mit der Ἀφροδίτη νῆσος des Ptol. 4, 5, 77 (35)". Der Text bei Ravennas Anonymus bietet die Oasen der Wüstenstationen der Straße von Berenike nach Koptos, u. a. Apollonos, Dios, Afrodites, auch sonst bezeugt. Offenbar hat sich Streck durch die Überschrift „Arabia major" Rav. II 7 Anf. irreführen lassen.
2) St. B. Ἀφροδισιάς δευτέρα Ἰβηρίας πρὸς τοῖς Κελτοῖς.
3) Auf Thera ist Aphrodite bisher nur durch ein von Frh. Hiller von Gaertringen 1900 ausgegrabenes und ergänztes Altarbruchstück bezeugt: ΝΙΤΗC ... ᵀNHC [Ἀφροδ]ίτης [....τ] ίνης IG XII 3, Suppl. 1332.

Damit stoßen wir auf die viel erörterte Frage, ob Aphrodite auf die dorischen Inseln Kythera, Melos, Nisyros, Kos und Rhodos von Hellas aus gelangt ist, und zwar schon durch arkadische, überhaupt vordorische Kolonisation aus der Peloponnes, und weiter nach Kypros, wo sie dann mit einer alten einheimischen bzw. später auch phönizischen Gottheit verschmolzen ist, oder ob die Inseln nur Stationen auf der Wanderung der von Haus aus semitischen Gottheit von Kypros nach Hellas darstellen. Auf Grund des Namens [1]) läßt sich keine Entscheidung fällen. In der Ilias heißt die Göttin *Κύπρις, Κυθέρεια* in der Odyssee; *Κύπρις* ist als vollwertiger Eigenname in Gebrauch. Die entscheidende Frage wird sein, ob sich die Kultwanderung mit höherer Wahrscheinlichkeit unabhängig von der Kolonisation oder in deren Gefolge vollzogen hat; die uns bekannte Siedlungsgeschichte spricht für die Richtung von Westen nach Osten, die bedeutendsten kyprischen Kultorte der Göttin gelten als griechische Kolonien. Paphos soll von Agapenor aus Tegea gegründet sein, Str. 14, 683; Paus. 8, 5, 2 f. *Πάφου τε Ἀγαπήνωρ ἐγένετο οἰκιστὴς καὶ τῆς Ἀφροδίτης κατεσκευάσατο ἐν Παλαιπάφῳ τὸ ἱερόν · τέως δὲ ἡ θεὸς παρὰ Κυπρίων τιμὰς εἶχεν ἐν Γολγοῖς καλουμένῳ χωρίῳ.* Den letztgenannten Kult hebt Theokrit hervor, 15, 100

δέσποιν᾿, ἃ Γολγώς τε καὶ Ἰδάλιον ἐφίλησας,

---

1) Kretschmer deutet ihn als „die über den Schaum wandelnde" aus *ἀφρός* und *-όδῑτα* KZ 23, 267; er soll somit synonym sein mit *Λευκοθέα* oder *Λευκαθέα*, nach Kretschmer „die über den weißen (Schaum) laufende", Glotta V 306 (andere Erklärungen s. u. S. 119); ebenso Kern I 206. Femin. zu *ὁδίτης* dürfte *ὁδῖτις* sein (*πολῖτις*), so unbedingt in älterer Zeit; bei der Zusammensetzung *ἀφρο* + *ὁδῖτις* läßt sich einfaches ŏ in der Fuge nicht begreifen. In Kreta und Pamphylien ist *Ἀφορδίτα* mit Metathesis gebräuchlich, SGDI 4952; pamphylische Personennamen Sittig 106.

Die Ableitung aus dem Semitischen haben zuletzt vertreten Wolf Aly in seiner Ausgabe von Hesiods Theogonie (1913 zu V. 195 unter Heranziehung von kret.-pamphyl. *Ἀφορδίτα* und Hubert Grimme, Glotta XIV (1925) „Hethitisches im griechischen Wortschatze" S. 18: *Ἀφροδίτη* ⟩ Afrodet ⟨ Aftoret⟨ עַשְׁתֹּ֫רֶת; das mittlere o hält Grimme bereits im Semitischen für alt, höchst zweifelhaft.

Die dritte Möglichkeit besteht im Verzicht auf indogermanische oder semitische Herleitung und die Zuweisung an die vorgriechische Bevölkerung, so mutmaßend Fick, Gr. Personennamen, S. 439, ferner M. Hammarström, Glotta XI „Griechisch-etruskische Wortbildungen" S. 216, der an eine Verwandtschaft mit *πρύτανις* und (e)prϑni denkt. Wilamowitz I 95 betont die nichtgriechische Herkunft des Namens; die Deutungsversuche aus dem Griechischen beginnen mit Hesiod.

in Golgoi im östlichen Inland ist die Gottheit sehr alt, ob nun die vorgriechische Kyprierin Aphrodite hieß oder nicht; Golgoi galt als Kolonie von Sikyon St. B. *Γολγοί, πόλις Κύπρου, ἀπὸ Γόλγου τοῦ ἡγησαμένου τῆς Σικυωνίων ἀποικίας.* In Idalion weist *Ἀπόλλων Ἀμύκλος* (vgl. S. 61) auf lakonischen (vordorischen) Einfluß, der für *Λάπηθος* an der Nordküste ausdrücklich bezeugt wird, *Λακώνων κτίσμα* Str. 14, 682.

Die Siedlungsgeschichte spricht also für Kultwanderung in west-östlicher Richtung; auf Kypros waren auf jeden Fall, selbst wenn Aphrodite nicht ursprünglich aus Kypros stammen sollte, die Ansatzpunkte zur Verschmelzung mit einer einheimischen Göttin ausnehmend stark, so daß Aphrodite nirgends so mächtige und unumschränkte Herrscherin wurde wie auf Kypros und daher bei den Hellenen geradezu *Κύπρις* hieß.

Die überlieferten Ortsnamen sind weder zahlreich noch alt genug, um die Richtung der ersten Kultwanderung widerzuspiegeln; immerhin stellen sie bedeutsame Spuren des Weges selbst und seiner Einflußsphäre dar. Diese Spuren finden sich im südlichen Lakonien gegenüber Kythera (von Lakonien über Thera nach der Kyrenaika), Karien auf der Chersones von Knidos und im Inneren (da mag eine Karerin zugrunde liegen), Kilikien und Kypros; im übrigen besitzt Aphrodite nur Städte jüngeren Datums, die Linie Lakonien—Kypros (oder umgekehrt) ist für die Verbreitung ihrer Ortsnamen charakteristisch.

Nach dem berühmten Namen der Göttin heißt

Οὐρανία Stadt Kypros, Nordosten Diod. 20, 47, 2.

Demetrios Poliorketes erobert 307/6 *Οὐρανία* und *Καρπασία* auf der langgestreckten Nordostspitze der Insel vor seinem Seesieg über Ptolemaios bei Salamis. Die Ruinen der Stadt liegen nahe bei Karpasia, ihr heutiger Name ist to Rani (= *τὸ Οὐράνιον*, vgl. Kiepert, Formae Text S. 20). *Οὐρανία* liegt zwischen der Stadt *Ἀφροδίσιον* und der Spitze der nordöstlichen Landzunge, deren Hügel *Ὄλυμπος* ein Heiligtum der *Ἀφροδίτη Ἀκραία* trug, Str. 14, 682.

Von dem nordwestlich von Paphos gelegenen Vorgebirge *Ἀκάμας ἄκρα* führt Aphrodite die Epiklese *Ἀκαμαντίς*, St. B. (*Ἀκαμάντιον*). Von dieser Epiklesis leitet Eijkman 20 *Ἀκαμάντιον*, Stadt in Großphrygien (St. B.), ab. Als Gründer der Stadt nennt Stephanos den Theseiden Akamas, also einen Eponymen. Das Material reicht für eine Entscheidung nicht aus.

Dione, die Gattin des Zeus von Dodona, erscheint Il. 5, 370. 381 als Mutter der Aphrodite, vgl. Eur. Hel. 1098

κόρη Διώνης Κύπρι . . .

Da ist es denkbar, daß eine kyprische Stadt nach Dione genannt wurde, vielleicht nur dichterisch oder kultisch; überliefert ist ein solcher Name bei Stephanos Διωνία πόλις, ἣν συγκαταλέγει ταῖς Κυπρίαις πόλεσι Θεόπομπος πεντεκαιδεκάτῃ Φιλιππικῶν.

Nach dem Etymologicum Magnum 117, 33 ff. ist Ἀῶ Namensform für Ἄδωνις, seine Mutter hieß Ἀῶα, der erste kyprische König Ἀῶος, nach welchem das Ἀιῶον ὄρος benannt sein soll; einer der beiden von ihm herabfließenden Flüsse Serachos und Plieus führte nach Parthenios den Namen Ἀῶος; Ἀῶα ist ferner ein alter Name Kilikiens. Hesych verzeichnet kilikische Ἄωοι nach einem Fluß Ἀῶος [1]).

Demnach können auf Ἀῶ = Ἄδωνις zurückgehen

Ἀώϊον ὄρος   Berg Kypros   Et. M.
Ἀῶος   Fluß Kypros, Parallelname   Et. M.
Ἀῶος   Fluß Kilikien.   Hesych.

Daß bei Αἴνεια auf der Chalkidike Skyl. 66 primär der Troer Aineias oder Ἀφροδίτη Αἰνειάς namengebend gewirkt haben, läßt sich nicht mit Pfister, Der Reliquienkult im Altertum, S. 292, sicher behaupten; sekundäre Anpassung einer älteren illyrisch-thrakischen Namensform an den troischen Heros Aineias (Kurzform zu Αἴνιππος), der seinerseits ursprünglich Eponym von Ainos bzw. der thrakischen Aineier ist [2]), ist durchaus möglich. Αἴνεια gehört zu Αἶνος in Thrakien an der Hebrosmündung, in Thessalien und bei den ozolischen Lokrern, Αἰνία und verwandten Ortsnamen der illyrisch-thrakischen Dardaner [2]). Sogar der zu theophorer Interpretation neigende Gruppe 209 faßt Aineias schlicht als Eponymos, ohne theophore Namengebung zu behaupten.

In der teischen Kolonie Phanagoreia am kimmerischen Bosporus war Aphrodite Apaturiengottheit; sie heißt dort Ἀπατουριάς Lat. II,

---

1) Die von Hesych erwähnten samothrakischen Ἄωιοι θεοί, die „östlichen Götter", gehören nicht in diesen Zusammenhang, Hiller von Gaertringen, RE I 2657. Vielleicht ist Ἀῶ ursprünglich ein Vegetationsdämon, Kretschmer, Glotta VII (1916), 39, auf Grund von Hes. ἀοῖα· δένδρα κοπτόμενα καὶ ἀνατιθέμενα τῇ Ἀφροδίτῃ πρὸς ταῖς εἰσόδοις, oder die Bäume heißen nach dem Gott.

2) Ludolf Malten, Aineias, Arch. Relw. 29, 1931, 42. 56 ff.

325, 5 und hat in der Stadt ein berühmtes Heiligtum Str. 11, 495;
ihr gehört

'Απάτουρον Tempel u. Ort westl. v. 'Ερμώνασσα, kimmer. Bosporus,
Landzunge Κοροκοδάμνη östl. v. Str. 11, 495, Plin. 6, 18 [1]).
'Απάτουρος κόλπος Meerbusen ebd. Hekataios bei St. B.[2]).
Aphrodite erscheint als Herrin von Apaturon auf Inschriften von
Pantikapaion und Phanagoreia
'Αφροδείτη Οὐρανία 'Απατούρου μεδεούσῃ Lat. II, 19; 343, IV 418.
'Η Τέρινα, Gründung der Krotoniaten in Bruttium Skyl. 12,
Skyum. 306, Τέρεινα Lykophr. 729. 1008, Münzung seit etwa 480
(Head 96), soll nach der Auffassung von Panofka (1840, 358),
Gruppe 744, Eijkman 23 auf Aphrodite Τερεϊνή zurückgehen. Pa-
nofka verbindet die sitzende Stadtgöttin Τέρινα auf den Münzen des
5. und 4. Jahrhunderts, die von Nike bekränzt wird, mit Aphrodite.
Als Epiklesis von Aphrodite ist Τέρεινα sonst nicht bekannt. Der
Name der Stadtgottheit wird eponym sein. W. Schulze, Zur Ge-
schichte der lateinischen Eigennamen, S. 551 nimmt einen dem
Stadtnamen zugrunde liegenden Gentilnamen an, etwa Terius.

Διόσκουροι.

Διοσκουρίς	St. Kolchis, am Pontus Skyl. 81, Arr. p. p. Eux. 14.
Διοσκουριάς	Phyle Amastris Ath. Mitt. 12, 182.
Τυνδαρίδαι	Ort östl. Herakleia Pontike Arr. p. p. Eux. 19.
Διοσκουριάς	Vg. Bruttium, südl. v. Kroton Diod. 13, 3, 4.
Τυνδαρίς	St. u. Vg. Sizilien, westl. v. Mylai Pol. 1, 25, Diod. 14, 78, 6.
Διοσκουριάς	Insel große Syrte, St. B. (vgl. Skyl. 109 Λευκαὶ νῆσοι).

Διοσκόρων κώμη Marmarika, κώμη μεσόγειος Ptol. 4, 5, 13.
Τυνδάριοι σκόπελοι (Τυνδαρίδες) 4 Inseln mit Hafen östl. v. Marma-
rika Skyl. 108; Ptol. 4, 5, 34 (3 Inseln).
Διοσκόρων λιμήν Arab. Meerbusen, Äthiopien Ptol. 4, 7, 2.
Τυνδαρίδαι ist als Kultname der Dioskuren so alt, wie uns diese

---

1) Falsch bei Ptol. 5, 8, 2. Erörterung der Lage Kiepert, Formae VII Text
S. 2.
2) 'Εκαταῖος δὲ κόλπον οἶδε τὸν 'Απάτουρον ἐν τῇ 'Ασίᾳ.

selbst bezeugt sind, vgl. Alkman fr. 8 D [1]); darum sind hier beide Synonyme zugleich behandelt worden mit dem Ergebnis, daß trotz der allgemein hellenischen Verehrung der Tyndariden nur bestimmte Bereiche sich auf sie bezüglicher Ortsnamen erfreuen. Sie beschränken sich auf das Pontusgebiet, Unteritalien-Sizilien und Nordafrika [2]).

Διοσκουρίς im Pontus, später Διοσκουριάς, Plin. 6, 13 Tyndaris, kaiserzeitlich Σεβαστόπολις, ist die östlichste Kolonie Milets; über die Gründungszeit ist nichts überliefert, sie wird jedenfalls vor dem Falle Milets, also gegen 500 anzusetzen sein. Ps.-Skylax bietet die Form Διοσκουρίς, das Suffix -ιάς ist also auch hier erst hellenistisch, Münzen mit der Aufschrift Διοσκουριάδος sind erst aus der Zeit des Mithridates erhalten, CGC Pontus S. 5. Im Pontusgebiet finden sich die Dioskuren ferner im Namen des Ortes Tyndaridai und einer Phyle von Amastris; Kult haben sie in Phanagoreia (Head 422, (5. Jahrhundert), Pantikapaion (Beschr. der ant. Münzen, Berlin I 13 f.), Kallatis (CGC Thrace 22), Tomi (vgl. Bilabel 108) und Byzanz (Hesych. Miles. 15, FHG IV S. 149 τέμενος . . . τῶν δὲ Διοσκούρων, Κάστορός τέ φημι καὶ Πολυδεύκους . . ., ἐν ᾧ καὶ λύσις τῶν παθῶν τοῖς ἀνθρώποις ἐγίνετο). Hier kann über Megara die Peloponnes eingewirkt haben.

In Therapne in Lakonien war das bedeutendste Heiligtum der Tyndariden, vgl. Alkman frg. 7 D

καὶ ἁγνὸς ναὸς εὐπύργου Σεράπνας,

Paus. 3, 20, 1 verzeichnet dort eine Πολυδεύκεια κρήνη. Eine Kolonie der Messenier ist Τυνδαρίς auf Sizilien, das die Messenier 396 auf dem ihnen von Dionysius I. überlassenen Gebiet westlich von Mylai anlegten. Die Münzen Head 166˙ zeigen die Tyndariden, das spricht gegen die von Fick, AO 23, 243, vorgetragene Beziehung des Stadtnamens auf Helena.

Die Διοσκουριὰς ἄκρα in Bruttium erwähnt Diodor im Zusammenhang mit der Ankunft der athenischen Flotte in Unteritalien 415.

1) Kretschmer, „Die protindogermanische Schicht", Glotta XIV (1925) S. 303), sieht als ersten Bestandteil des Wortes Τυνδαρίδαι eine von ihm angenommene vorgriechische, protindogermanische Form Tin = Zeus an, auf die auch etrusk. Tinia, Tina zurückgehen soll. Das ist äußerst unsicher. Τυνδαρεύς, Τύνδαρος scheint zu Ταρκονδαρεύς, hethitisch Tarḫundaraus, König von Arzawa, Πίνδαρος, Μίνδαρος u. a. zu gehören.

2) Tempel namens Διοσκούρειον, für die Ortschaften nicht bezeugt sind, finden sich bei Phlius, Pherai in Thessalien und Torone.

Am Sagras im südlichen Bruttium nördlich von Kaulonia standen Altäre der Dioskuren Str. 6, 261, die durch ihre Epiphanie in der an diesem Fluß stattfindenden Schlacht den epizephyrischen Lokrern den Sieg über die überlegenen Krotoniaten verschafften.

Aus Lakonien gelangte der Kult der Dioskuren nach Thera; die hocharchaische Felseninschrift IG XII 3, 359 Διόσϙοροι ist das früheste Zeugnis ihres Kultes, der von Thera an die Küste der Kyrenaika und Marmarika getragen wurde; dort zeugen von ihm die *Τυνδάριοι σκόπελοι* (schon bei Ps.-Skyl.), die *Διοσκόρων κώμη* und die Insel *Διοσκουριάς, μία τῶν ἐν Λιβύῃ Λευκῶν νήσων* St. B., in der großen Syrte südlich vom Vorgebirge Drepanon (Kyrenaika).

In der Nähe des äthiopischen *Διοσκόρων λιμήν* nennt Ptol. a. a. O. *Θεῶν Σωτήρων λιμήν*, der wahrscheinlich nach den Dioskuren heißt; den Leuchtturm auf Pharos weihte sein Erbauer *Σώστρατος Κνίδιος Δεξιφάνους θεοῖς Σωτῆρσιν ὑπὲρ τῶν πλωϊζομένων* Str. 17, 791 *ἐπιγραφή.*

Nach dem Kultnamen *Ϝάναϰε,* "Αναϰε ,,Schützer" [1]) in Attika *Σωτήροιν Ἀνάϰοιν τε Διοσκούροιν ὅδε βωμός* IG III 195 — heißen 'Αναϰαία Demos Attika, hippothoont. Ph. IG II 1006 u. ö., St. B. 'Ανάϰειον Gebirge Attika Snid. ὄρος · ἢ τὸ Διοσκούρων ἱερόν. *Ϝαναϰισία* Phyle Mantinea, Arkadien. IG V 2, 271, 19 (4. Jhd.). Vielleicht gehört den Anakes außerdem 'Ανάϰη, πόλις 'Αχαίας, St. B. vgl. Fick, AO 22, 234. Fernzuhalten ist das von Grasberger in diesem Zusammenhange herangezogene 'Αναϰτόριον in Akarnanien.

Mit den Helfern der Seefahrer, den Dioskuren, sind die samothrakischen *Κάβειροι,* von Haus aus phrygische Fruchtbarkeitsdämonen [2]), gleichgesetzt worden.

Κάβειρος Berg Kleinasien, ἐν τῇ Βερεϰυντίᾳ Str. 10, 472.

Berge Phrygien   Schol. Ap. Rh. 1, 917.

Καβειρα Ort in Pontus, sp. Diospolis   Str. 12, 556/7.

Καβειρία πόλις τῆς ϰάτω 'Ασίας   St. B.

Καβειραία Gegend Böotiens   Paus. 9, 25, 8.

Vgl. das thebanische *Καβείριον* Paus. 9, 25 f.

---

1) P. Kretschmer, ,,Sprache", Gercke-Norden, Einl. Altertumswiss. S. 42 f.
2) Kern I 235/43. Sowohl der Herleitung aus dem Semitischen von כברים wie der aus dem Indogermanischen von + kabera, skr. kúbera (Wackernagel, KZ 41, 317) ist die Zurückführung auf ein vorderasiatisches Namenelement vorzuziehen, welches in Καβαρνις (= Paros), Κάβαλις, Κάβασσος, Κάβησσος usw. vorliegt, Sundwall 102.

Nach Paus. 9, 25, 5 soll dort auch eine πόλις Κάβειρος bzw. Κάβειροι gelegen haben; die böotischen Kabiren werden an den Demeterkult angeknüpft, Δήμητρος δ' οὖν Καβείροις δῶρόν ἐστιν ἡ τελετή. Wie in Kleinasien, so handelt es sich in Böotien um vorwiegend chthonische Götter, welche hauptsächlich von Bauern verehrt wurden. Ob die kleinasiatischen Namen theophor sind, oder ob auch hier lediglich mit einem den Götter- und Ortsnamen zugrunde liegenden gemeinsamen kleinasiatischen Stamm zu rechnen ist, kann nicht endgültig entschieden werden.

Ἀσκληπιός.

Ἀσκληπιοῦ πέτρα Isthmos von Korinth   Eur. Hipp. 1209.
Ἀσκληπιεῖς Bürger einer Stadt, Amorgos   Kern 50. 91.
Ἀσκληπιός χωρίον Thera   IG XII 3, 344, 15.
Ἀσκληπιάς Phyle Pergamon   Ath. Mitt. 27, 119 nr. 124/7.
Ἀσκληπιάς Phyle Akmonia Phrygien)   CIG 3858 d 9.

Auf dem Dekret der Parier zu Ehren Magnesias und der Artemis Leukophryene werden u. a. aufgezählt (Kern, Magnesia 50, 76 ff.) [κατὰ τὰ] αὐτὰ δὲ ἐψηφίσαντο ... Ἄνδριοι Τήνιοι Ἰουλιῆται Καρθαιεῖς Ἀρκεσινεῖς Ἀσκληπιεῖς Αἰγιαλεῖς ... Die Ἰουλιῆται und Καρθαιεῖς gehören nach Keos, die Ἀρκεσινεῖς und Αἰγιαλεῖς nach Arkesine und Aigialis auf Amorgos; da gehören die Ἀσκληπιεῖς zwischen beiden offenbar ebenfalls nach Amorgos, ohne daß ein Anhaltspunkt dafür vorläge, sie auf die dritte Stadt der Insel, Minoa, beziehen zu können. Vielleicht hatten sie ein eigenes, sonst zufällig nicht bezeugtes Gemeinwesen inne.

An Grundstücken mit theophorem Namen sind auf Thera Ἀσκληπιός, Ἑρμῆς, Ποσιδάνιν, Σεράπιον bekannt. Auf Rhodos gibt es heute eine Ortschaft Asklepion (vgl. Damatrion S. 107 Anm. 2). Die Spuren des Gottes auf Thera, Amorgos und Rhodos sind Symptome seiner Ausbreitung von der Argolis aus nach Osten und Südosten, sie gruppieren sich etwa um die Linie Epidauros—Kos.

Von zwölf pergamenischen Phylen ist nur die Ἀσκληπιάς theophor benannt, die übrigen meist nach Heroen und Dynasten: Aiolis, Kadmeis, Makaris, Pelopis, Telephis, Kritonis, Attalis, Eumenis, Philetaris, Eubois (Ath. Mitt. XXVII S. 114).

Ἑρμῆς.

Ἑρμούπολις	Ort Arkadien	St. B.
Ἑρμούπολις	Ort Kos	St. B.
Ἕρμαιος λόφος	Ithaka	Od. 16, 471.
Ἑρμαῖον λέπας, ὄρος	Lemnos	Aisch. Ag. 283, Soph. Phil. 1459.
Ἑρμαία ἄκρα	Kreta, westl. v. Phönix	Ptol. 3, 15, 2.
Ἑρμαικόν	Bergwerksgelände Attika	IG II 781, 4.
Ἑρμῆς	Grundstück Keos, b. Karthaia	IG XII 5, 1076, 31 [1]).
Ἑρμῆς	Grundstück Thera	IG XII 3, 345, 14.
Ἑρμηῒς	Phyle Magnesia	Kern 6. 10.
φυλὴ Ἑρμοῦ	Phyle Perge (Pamphylien)	Lanckoronski [2]) I 169, nr. 42.
Ἑρμούπολις ἡ μεγάλη	Oberägypten	Her. 2, 67.
Ἑρμούπολις ἡ μικρά	Unterägypten	Str. 17, 803.
Ἑρμούπολις	Insel bei Butos	Str. 17, 802.
Ἑρμούπολις	zwei weitere ägyptische Städte	St. B.
Ἑρμαιεύς	Demos Alexandria	BCH 20, 398.
τὰ Ἕρμαια	Vg. Marmarika, westl. v. Phoinikus	Ptol. Stad. 13 f.
Ἑρμαῖον	Vg. gr. Syrte, westl. v. Leptis	Stad. 94 f.
Ἑρμαία	Vg. östl. v. Karthago	Skyl. 110, Polyb. 1,29, 2. 36, 11.
Ἑρμαία	Stadt ebd.	Skyl. 110, Str. 17, 834.
Ἑρμαία ἄκρα	Vg. Tingitana, Atlant. Ozean	Skyl. 112.
Ἑρμαία νῆσος	Insel bei Sardinien	Ptol. 3, 3, 8.
Ἕρμαιον ἄκρον	Vg. Sardinien	Ptol. 3, 3, 2 [3]).

Um keines der zahlreichen hellenischen Hermesheiligtümer hat sich eine bewohnte Ortschaft entwickelt, die als solche bezeugt wäre. Es scheint im Wesen [4]) des Gottes zu liegen, daß er kaum Städte

---

1) Ἀριστόμαχος τὰ παρ᾽ Ἑρμῇ.

2) Städte Pamphyliens und Pisidiens.

3) Ἕρμος und verwandte Bildungen dürfen nicht mit Panofka zu Ἑρμῆς gestellt werden, sie gehören kleinasiatischen Namensstämmen an, Sundwall S. 256 A. 4.

Nach dem lydischen Flusse Hermos heißt der Ἕρμειος κόλπος an seiner Mündung, sowie Ἕρμοῦ πεδίον, τόπος πλησίον Κύμης, Ἔφορος ὀκτωκαιδεκάτη St. B. mit volksetymologischer Deutung als „Hermesfeld" (Bürchner, RE VIII 908). Ebenso läßt sich die lydische Stadt Ἑρμοκαπηλία, Hierokl. 670, 6, nicht mit voller Sicherheit primär dem Gott zuweisen.

4) Die Ableitung von ἕρμα „Steinhaufen" haben zuletzt vertreten Kretschmer, Glotta XIII (1924) S. 245, Nilsson, Rel. (1925) S. 109, Kern I (1926) S. 204 f.,

mit seinem Namen besitzt. Ἑρμούπολις in Arkadien und auf Kos sind nach Ausweis der Namensform und Bezeugung Ortschaften jüngeren Datums, über die im übrigen nichts bekannt ist. In Ägypten wird Hermes mit Thoth identifiziert. Im Westen findet sich sein Name zum Teil zweifellos vor der Einwirkung des römischen Merkur, da ist, wie bei Hera und Herakles, im westlichen Becken des mittelländischen Meeres, speziell auf Sardinien, Einfluß analoger semitischer und einheimischer Gottheiten anzunehmen.

Hermestempel werden gelegentlich ausdrücklich an den Landesgrenzen angelegt, da ist mit der Entstehung von Siedlungen von vornherein nicht zu rechnen. So liegt ein Ἑρμαῖον an der Grenze von Messenien und Arkadien — Paus. 8, 34, 6 τὸ Ἑρμαῖον, ἐς ὃ Μεσσηνίοις καὶ Μεγαλοπολίταις εἰσὶν ὅροι·· πεποίηνται δὲ αὐτόθι καὶ Ἑρμῆν ἐπὶ στήλῃ — und der Stadtgebiete von Lampsakos und Parion, Polyaen 6, 24 (mit der Anekdote über die Grenzziehung).

An die beiden Berge

Κηρύκιον Berg bei Tanagra   Paus. 9, 20, 3.
Κηρύκιον Berg bei Ephesos   Hesych.

knüpfen Überlieferungen über Hermes an; auf dem tanagräischen soll der in Böotien, auch in Tanagra stark verehrte Gott geboren sein, auf dem ephesischen μυθεύουσι τὸν Ἑρμῆν κηρύξαι τὰς γονὰς Ἀρτέμιδος. Hier kann mit Panofka 1841, S. 82 Ableitung von der Epiklesis konstatiert werden; einen Thebaner und zwei Ionier namens Κηρυκίδης verzeichnet Sittig 112. In den gleichen Zusammenhang gehört vielleicht der attische Demos der pandionischen Phyle Ἀγγελή, vermutlich von Hermes Ἄγγελος, Fick, AO 23, 234, Eijkman 20.

Ἀκακήσιος λόφος Arkadien, südwestl. v. Lykosura Paus. 8, 36, 10.
Ἀκακήσιον πόλις ebd.   Paus. 8, 36, 10.

führt Pausanias (vgl. 8, 3, 2) auf den Heros Akakos zurück, der Hermes erzogen haben soll. Hermes Ἀκακήσιος gelangte beim Synoikismos nach Megalopolis [1]), wo er einen Tempel bekam Paus. 8, 30, 6; den Hermes Ἀκακήσιος nennt Kallim. 3, 143. Abhängigkeit der Epiklese vom homerischen Ἑρμείας Ἀκάκητα Il. 16, 185 ist nicht

---

Wilamowitz I (1931) S. 159. Hermes wäre somit der „Gott vom Steinhaufen", ein alter „Wegegott', dann Glücksgott, Kaufmannsgott, die Erdgöttin Μαῖα seine Mutter (Kern). Kleinasiatisch ist der Name nach Kalinka bei Walde-Pokorny II (1927) S. 529.
1) Wentzel, RE I 1140, 12, „Mantineia" ist falsch.

ausgeschlossen, Zusammenhang mit ihm ist kaum abzuweisen; in diesem Sinne hält Gruppe den Namen des arkadischen Hügels für theophor; die hier speziell zugrunde liegende Form der namengebenden Epiklese wäre allerdings nicht genau festzustellen, *Άκακος*, *Ἀκάκητα* oder *Ἀκακήσιος*.

Der Stamm *Ἰμβρ*- im Namen des karischen Hermes, *Ἰμβραμος* (St. B. *Ἰμβρος*, Kretschmer 358, Fick, VO 55), findet sich in
Ἰμβρος Insel im Thrakischen Meer.
Ἰμβρος φρουρίον Kastell über Kaunos (Karien) Str. 14, 651.
Ἰμβρος Gebirge ebd. Qu. Smyrn. 8, 80.
Ἰμβρασος Fluß Samos Kallim. fr. 213, Str. 10, 457. 14, 637[1]); nach dem Fluß soll auch die Insel selbst *Ἰμβρασος* genannt sein, St. B., *Ἰμβρασίη* heißt sie Ap. Rhod. 1, 187; Personennamen vom Stamm *Ἰμβρ*- bzw. *Ἐμβρ*- Sittig 115. Die Namen *Ἰμβρος* können nur mit geringer, *Ἰμβρασος* mit größerer Wahrscheinlichkeit als theophor beurteilt werden; sicher ist nur, daß Gottes- und Ortsname vom gleichen Stamm gebildet sind, wie Labraundos und Labraunda von lyd.-kar. *λάβρυς*.

Πάν.

Πανία	ältere Phyle Megalopolis (Ark.)	IG V 2, 451 (3. Jhd. v. Chr.).
φυλὰ Πανιατῶν jüngere Phyle ebd.		IG V 2, 452 (2. Jhd. v. Chr.).
Πανὸς ὄρος, σπήλαιον, αἰπόλιον [2]) bei Marathon		Paus. 1, 32, 7.
Πανὸς ἄκρα	Vorgebirge Rhodos	Ptol. 5, 2, 19.
Πάνειον, Πάνιον Berg u. Grotte Koilesyrien		Pol. 16, 18, 2. Jos. b. J. 1, 404 ff.
Πανεάς	Stadt ebd.	Jos. Arch. 18, 28.
Πανιάς	Landschaft ebd.	Jos. Arch. 15, 360. 17, 189.
Πανὸς πόλις	Oberägypten, Thebais	Diod. 1, 18, 2.
Πανὸς νῆσος	St. Äthiopien = *Άδουλις*	Ptol. 4, 7, 11; St. B. (*Άδουλις*).

1) Der spätere Name des Flusses, *Παρθένιος*, ist unter *Ἥρα* (S. 31 f.) aufgeführt.
2) Paus. *καὶ καλούμενον Πανὸς αἰπόλιον, πέτραι τὰ πολλὰ αἰξὶν εἰκασμέναι.*

Πανὸς κώμη, Πανώ(ν) Dorf Rotes Meer

   ἐν τῷ Βαρβαρικῷ κόλπῳ   Ptol. 4, 7, 11; St. B. [1]).

Ebensowenig wie nach dem Gott Hermes sind nach dem Arkader Pan griechische Städte benannt; Städte sind dem alten, von Hirten und Jägern verehrten Bocksgott wesensfremd [2]). Beim Synoikismos der arkadischen Landgemeinden erhält er, der im Lykaiongebirge ein Orakel besaß, *μαντεῖον Πανός* Schol. Theokr. 1, 123, in Megalopolis wie Zeus Lykaios, Athene, Apollon und Herakles seine Phyle und behält sie mit Apollon auch in der neuen Phylenordnung. Nach Attika gelangte Pan durch die Hilfe, welche er auf Grund seiner Epiphanie gegenüber dem attischen Läufer Pheidippides den

---

1) Die angebliche Stadt *Πάν* (*Πᾶν*) auf Kreta (Pape, Gruppe 1384, 5) beruht auf einer korrupten Lesart Skyl. 47, C. Müller z. St. *Πάνιον* in Thrakien (byzantinisch, Suid.) führt Eijkman 54 auf *πάνιον* = *λευκόν, καθαρόν* (Hesych) oder ein Heiligtum des Pan (so Roschers Lex. III 1367, 53) zurück; Hierokles 632, 5 bietet überhaupt *Πανόνιον*.
Πανία, ἐπίνειον Κιλικίας περὶ τὸ Ἀλήϊον πεδίον St. B., ist von Haus aus nicht theophor (so Roscher, Lex. III 1370, 54), vielmehr gehört es zu einem kleinasiatischen Stamm „pana", vgl. *Πανάμαρος* in Karien, *Πανέμου τεῖχος* in Pamphylien (Hierokl. 681, 3), Sundwall 172 f. Die Beziehung auf Pan ist sekundär. Schließlich wird Lukian kaum verlangen, daß wir seine drei Quellen in Indien (Bacch. 80, 6), *ἡ μὲν Σατύρου, ἡ δὲ Πανός, ἡ δὲ Σειληνοῦ*, für bare Münze nehmen.
2) Als „weidenden", von idg. pā, vgl. *Πάων* IG V 2, 556, deutet ihn zuletzt Kern I 112; Fick, der sich ursprünglich in seinem Vgl. Wörterbuch dieser Deutung angeschlossen hatte, erklärt VO 147 *Πάν* als „Papa" und stellt ihn zu den „Lallnamen" (Kretschmer 354 ff.).
W. Schultze, KZ 42, 81 stellt *Πάν, Πάων* zu ved. Pūṣan-, Grdf. +*Πανσων*, vgl. *Ἠώς*, ai. Uṣās Grdf. +Ausōs, äol. *αὔως*.
K. Kerenyi, „Pannonia", Glotta XXII (1934) 37 ff., hält Pan für eine Gottheit des illyrischen Volkselementes der Peloponnes, er legt eine illyrische Wurzel pān- „schwellen, voll sein" zugrunde; lat. pānis ist süditalisch-illyrisches Lehnwort, ai. pinvati, idg. + pā-n-eu, Ablautformen pānu, pənu, pān-, pən, pneu-, ohne Infix pa-, pā-i̯-; auf sie führt Kerenyi *πᾶς, Πηνειός, Παννονία, Παιονία, Πάων* zurück und erinnert hinsichtlich des Gottes an die den Illyriern verwandten *Τριβαλλοί* (*βαλλίον-φαλλός* idg. bh.). „Pannonien scheint in dem hier entwickelten Sinn soviel zu bedeuten, wie ein alter Name des Peloponnes (Hesych s. v.): *Πανία* ⟨Pansland⟩."
Die Hesychglosse *Πανία · ἡ Πελοπόννησος* kann ebenso auf einen rein poetischen Ausdruck zurückgehen wie offensichtlich St. B. *Ἀρκαδία · ἐκλήθη δὲ καὶ Παρρασία καὶ Λυκαονία, οἱ δὲ καὶ Γιγαντίδα φασὶ καὶ Ἀζανίαν καὶ Πανίαν*; als alter Beleg für die problematische Gleichung Pannonien = „Pansland" dürfte die Glosse kaum in Frage kommen. Im übrigen erscheint die Ableitung der *Παίονες* von Pan unnötig gezwungen; eher wird der Name illyrischer Herkunft und mit den illyrischen Personennamen Pai(i)o und Paius verwandt sein, Krahe 48.

Athenern bei Marathon gewährt hatte, Her. 6, 105 f. Er erhielt Tempel und Kult unter der Akropolis, wo ihm eine Grotte geweiht wurde (Eur. Ion 492 ff., 501 f. 1. Stasimon Epode). Über die Argolis kam Pan nach Rhodos, wo ihm außer dem Vorgebirge ein Πανεῖον (IG XII 1, 24) und eine Kultgenossenschaft (IG XII 1, 155, 75 ὑπὸ τοῦ κοινοῦ τοῦ Πανιαστᾶν) gehört.

An den Jordanquellen (Pol. ἐν Κοίλῃ Συρίᾳ περὶ τὸ Πάνιον 16, 18, 2; 28, 1, 3) war irgendein einheimischer Baal sein Vorgänger (Tscherikower 70); Πανιάς hieß später Kaisareia, heute Banias.

In Ägypten ist Pan früh mit einheimischen bocksgestaltigen Gottheiten wie Mendes (Her. 2, 46, 4), Chnum, Chem identifiziert; Panopolis heißt ägyptisch Χέμμις oder Χεμμώ (Diod. 1, 18, 2). Zu Πανὸς νῆσος und Πανὸς κώμη in Äthiopien verdient erwähnt zu werden, daß in Μερόη in Äthiopien auch ein Pan verehrt wurde, Str. 17, 822, οἱ δ᾽ ἐν Μερόῃ καὶ Ἡρακλέα καὶ Πᾶνα καὶ Ἶσιν σέβονται πρὸς ἄλλῳ τινὶ βαρβαρικῷ θεῷ.

Πρίαπος.

Πρίαπος   Stadt Propontis, dt. Fluß   Thuk. 8, 107, Str. 13, 587.
Priapos   Insel bei Ephesos   Plin. 5, 137.
Πριάπιον   Grundstück Tralles (Karien)   BCH IV (1880), 337.
Priaponesos Insel vor Karien, Golf v. Keramos Plin. 5, 134.
Πριάπιος λιμήν Insel vor Taprobane   Ptol. 7, 4, 3 [1]).

Nach Wilamowitz II 323 trägt der Gott seine Herkunft aus dem Städtchen an der Propontis im Namen; doch spricht mehr dafür, daß der Gott älter ist als seine Stadt, und der Name der Stadt seinerseits älter als die milesische Kolonisation, Herter 48. Der Gott ist in Bithynien heimisch, und zwar als religiöse und kultische Gestalt vorindogermanisch, während hinsichtlich des Namens die Ansichten weit auseinandergehen. Herter 45 f. referiert die modernen Ableitungen aus dem Semitischen, Indogermanischen und Kleinasiatischen und entscheidet sich für den kleinasiatischen Namensstamm prija, prije, der u. a. in Πριήνη und Πρίανσος erscheint, vgl. Sundwall 184 f., der S. 281 angesichts der scheinbaren Übereinstimmung

---

1) Hans Herter, De Priapo, Relg. Vers. u. Vorarb. XXIII, 1932, über Namen und Herkunft des Gottes S. 3; 38—61; Ortsnamen 47 f., 56 f.

von alten kleinasiatischen Stämmen mit thrakischen, phrygischen und iranischen vor Überschätzung der Wirkung indogermanischer Stämme warnt. Die Versuche indogermanischer Herleitung des Namens Priapos sind zahlreich und mannigfaltig; von den bei Herter aufgeführten sei die von Prellwitz, Etym. Wörterbuch der griechischen Sprache ² (1905) S. 382, erwähnt, der ai. priyás usw. heranzieht; im zweiten Teil wird weniger mit Prellwitz an pōi „hüten, beherrschen" zu denken sein (priyā-po-s = ai. pa-s), sondern eher vielleicht an ein phyrgisches Formans -απος (priyā + ăpos) etwa wie gr. ποδ-απός, ἀλλοδ -απός, idg. -nqᵘo- ¹).

Die Ortsnamen in Ionien und Karien sind Symptome der Ausbreitung des bithynischen Gottes über die hellenistische Welt im dritten vorchristlichen Jahrhundert.

Διόνυσος.

Dionysia	Insel der Echinaden	Plin. 4, 53.
Διϝωννσι [. . .]	Phratrie Argolis	IG IV 529, 20.
Διονυσιακόν	Bergwerksgelände Attika	IG II 782 b 10.
αἱ Διοννσιάδες	2 Inseln vor Kreta	Diod. 5, 75, 5, Stad. 354 f.
Διονύσιον	Grundstück Delos	BCH IV 390, 8.
Διοννσιάς	Insel Lykien	Skyl. 100, Plin. 5, 131.
Διοννσιάς	Phyle Sardes	Sardis VII 1, 12, 126.
Διονύσον πόλις	Phrygien	St. B.
Διοννσιάς	Phyle Prusias ad Hypium	Ath. Mitt. 12, 175.
Διονύσον πόλις	Thrakien, am Pontus ²)	Skymn. 751/5.
Διόνυσος	Festg. Maked., Justinian I.	erneuert Prok. aed. 4, 3, S. 117.
Διοννσόπολις	Indien, am Kophes	Ptol. 7, 1, 43. St. B.
Διονύσον ἄκρον	Vg. Taprobane	Ptol. 7, 4, 5.
Διοννσιάς	Stadt Arabien	Hierokl. 723, 3, Phot. 347 b (Damasc. v. Isid.).

---

1) Diese Analyse verdanke ich Herrn Professor Dr. E. Sittig, der ebenso in Πρίαμος als Stamm thrakisch-phrygisch pri(y)a annimmt; -μος wäre dann, wie im Slavischen, so im Phrygischen als Endung des Part. Praes. Pass. aufzufassen. Wer den Stamm in Πρίαμος für kleinasiatisch hält, könnte sich für die Endung auf kar. Ἴμβραμος, Ἔμβρομος berufen.

2) St. B. ἐ Θράκης halte ich für eine Doublette zu α᾽ ἐν τῷ Πόντῳ.

Διονυσία   Phyle Alexandreia Satyros FHG III 164 fr. 21.
Διονυσιάς   *περὶ τὴν Μοίριδος λίμνην* [1])   Ptol. 4, 5, 15.
Διονύσου πόλις [2]) Libyen   St. B. 4.
Διονυσία   πόλις ’Ιταλίας   St. B.

Theophore Stadtnamen von Dionysos kommen in Phrygien und Thrakien vor, in Hellas selbst nicht. Die Echinas Dionysia verdankt ihren Namen delphischem Einfluß, wie die benachbarten Artemita, Letoa und Apollonia (S. 55). In Lakonien gab es unweit der Grotte, in welcher Ino Dionysos aufzog, eine Ebene *Διονύσου κῆπος* Paus. 3, 24, 4 (Bursian II 134 Anm. 1) bei Prasiai, in Messenien eine Quelle *Διονυσιάς* bei Pylos Paus. 4, 36, 7, die Dionysos durch einen Schlag mit dem Thyrsosstabe auf den Boden zum Fließen brachte; Ortschaften heißen im Altertum in Hellas nicht nach ihm. . . . *’Επικλῆς Δι.Φωνυσι*[. . . auf einer Inschrift des 3. Jahrhunderts v. Chr. aus dem Heraion bei Argos deutet auf die Unterabteilung einer Phyle (W. Vollgraff, BCH 33, 182). Heute heißt der alte attische Demos Ikaria *Διόννυσον*, da lebt der in ihm verehrte Gott weiter [3]), vgl. das attische Bergbaugrundstück *Διονυσιακὸν*.

An der Nordostspitze Kretas liegen die beiden *Διονυσιάδες νῆσοι*, außer den beiden größeren gehören der Inselgruppe noch zwei kleinere an (Bursian II 575); nach Diodor haben die Kreter die Geburt des Gottes für ihre Insel in Anspruch genommen und sich dafür auf die Inseln seines Namens berufen, die der Gott selbst benannt haben soll, *ὅπερ μηδαμοῦ τῆς οἰκουμένης αὐτὸν ἑτέρωθι πεποιηκέναι*. Eine gleichnamige Insel an der Südostspitze Lykiens südlich des Olympos nennt jedoch Ps.-Skylax. Plinius führt einen älteren Namen an, „Dionysia, primo Characta dicta", bei Ptol. 5, 5, 9 erscheint ihr späterer Name *Κράμβουσα*. Daß die Naxier ihre Insel als *Διονυσιάς* bezeichneten, ist ohne weiteres verständlich, Diod. 5, 52, 1 *μυθολογοῦσι δὲ Νάξιοι περὶ τοῦ θεοῦ τούτου, φάσκοντες παρ’ αὐτοῖς τραφῆναι, καὶ διὰ τοῦτο τὴν νῆσον αὐτῷ γεγονέναι προσφιλεστάτην καὶ ὑπό τινων Διονυσιάδα καλεῖσθαι*; Plin. 4, 67 Naxus, quam . . . mox Dionysiada

---

1) Ferner CIG 4893 (Vol. III S. 418) *ἐν Σήτει, τῇ τοῦ Διονύσου νήσῳ*, Katarrhaktinsel heute es-Sâhel.

2) Stad. 44 *’Απὸ τῆς Φαίας ἐς τὸν Διόννυσον* (Küste Marmarika) . . . 45 *ἀπὸ τοῦ Διονύσου εἰς Χερρόνησον* . . . C. Müller z. St. „fuerit *τὸ Διονύσιον*, monente Hoffmann". Fick, AO 23, 240, denkt an Ptolemaios *Διόνυσος* = Auletes, den Vater Kleopatras.

3) Hiller von Gaertringen, Ath. Mitt. XVII (1892) 307.

a vinearum fertilitate . . . appellarunt. Auf Delos lag ein Grundstück
Διονύσιον.
Bacchium Insel vor Phokaia Liv. 37, 21, 7; Plin. 5, 138 Bacchina.
Βαχχία   Ort Albanien, Kaukasus (Kasp. Meer) Ptol. 5, 11, 3.
Βάχχου νῆσος καὶ ᾽Αντιβάχχου Insel Arab. Meerbusen Ptol. 4, 7, 11,
St. B.; Plin. 6, 173 Bacchias.
Βαχχίς   Ägypten, *περὶ τὴν Μοίριδος λίμνην* Ptol. 4, 5, 15 (neben
Διοννσιάς selbständig).
Die Insel vor Phokaia besaß prachtvolle Heiligtümer und Statuen;
im Krieg gegen Antiochus III. landete dort die römische Flotte
190 v. Chr. Der Name *Βάχχος* ist lydisch, über Lydien ist antiker
Tradition zufolge der phrygische Dionysos auf die ägäischen Inseln
und nach Hellas gelangt [1]). ·
In dem Stammland des Dionysos, in Phrygien, gründen die Atta-
liden im oberen Maiandrostale (Ramsay, Cit. I 122. 126) *Διονύσου
πόλις*, St. B. *β᾽ Φρυγίας, κτίσμα ᾽Αττάλου καὶ Εὐμενοῦς ξόανον εὑρόντων
Διονύσου περὶ τοὺς τόπους.* In Thrakien wurde *Κρουνοί* an der Pontusküste zwischen Odessos und Bizone am Flusse Zyras (Plin. 4,
44) spätestens im 2. Jahrhundert in Dionysopolis umgetauft,
Skymn. 751 ff. *Διονυσόπολις δ᾽, ἣ πρῶτον ὠνομάζετο*
Κρουνοὶ διὰ τὰς τῶν ἐγγὺς ὑδάτων ἐκρύσεις ·
Διονυσιαχοῦ δὲ προσπεσόντος ὕστερον
ἐκ τῆς θαλάττης τοῖς τόποις ἀγάλματος,
Διονυσόπολιν λέγουσι κληθῆναι πάλιν (sic! *πόλιν*?).
Wie bei der phrygischen Stadt wird hier ein *ἄγαλμα* als Aition auf-
geführt, das entspricht einem beliebten Typ der Ätiologie [2]).

---

1), *Βάχχος* = lyd. pakis, Sardis VI 1, S. 39 (s. o. S. 68)
nannaš   pakivalis   artimuῦ
Ναννας   Διονυσικλέος   ᾽Αρτέμιδι.
Vgl. etrusk. paχie = *Βάχχιος*; lat. Bacchus wie Gracchus (vgl. etrusk. Genetiv
cracial) wohl etruskisch, Sittig. Atti del primo congresso intern. Etrusco S. 252.
Bakchos ist der einheimische lydische Weingott (Wilamowitz, Pindaros S. 45);
Dionysos bzw. *Δεόννσος* (*ὦ Δεύννσε* Anakreon 2 D) ist der Sohn des Zeus und
der phrygischen *Σεμέλη* „Erde" (idg.), die neben Zeus auf den Schlußformeln
phrygischer Grabinschriften erscheint *δη διως (δεος) ζεμελω* (Kretschmer in
„Aus der Anomia", Festschrift für Robert, S. 19). Über Lydien kam der
Gott nach Hellas, Eur. Bacch. 13 f. *λιπὼν δὲ Λυδῶν τοὺς πολυχρύσους γύας | Φρυ-
γῶν τε . . . 64 f. ᾽Ασίας ἀπὸ γᾶς ἱερὸν Τμῶλον ἀμείψασα θοάζω.* W. Otto, Dionysos S. 58, versucht, diese Zeugnisse zu entwerten, wohl kaum mit Recht.
2) *Σάβοι* sollen heilige Stätten des Sabazios geheißen haben, die wohl kaum

Νάγαρα ἡ καὶ Διονυσόπολις (Ptol.) ist wohl identisch mit Nysa zwischen Kophes und Indos; da wird eine einheimische Gottheit mit Dionysos identifiziert sein (Forbiger II 510, Tscherikower 107). Auf Taprobane (Ceylon) lag ein dem Dionysos geweihtes Vorgebirge im Gebiet der *Νάγειροι*, an der Südostspitze der Insel.

Βαχχίς und *Διονυσιάς* sind zwei verschiedene Städte am Mörissee in Ägypten (über die Lage vgl. Forbiger II 799, Sethe, RE II 2792, V 881 f.). Wie die makedonischen Argeaden den Herakles, die Seleukiden Apollon, so verehrten die Ptolemäer Dionysos als *ἀρχηγέτης* ihres Geschlechtes; von Satyros *Περὶ δήμων ᾿Αλεξανδρέων* ist ein Bruchstück mit dieser Genealogie erhalten. Unter Ptolemaios IV. Philopator werden deswegen eine alexandrinische Phyle *Διονυσία* und ihre Demen nach Frauen und Kindern des Dionysos genannt [1]).

Μήτηρ θεῶν.

Einem Heiligtum der Göttermutter verdanken ihre Namen die Küstenpunkte (Ortschaften?)

Μητρῷον Bithynien, östl. von Herakleia Pontike Arr. p. p. Eux. 19, Anon. 12.

Παντομάτριον Kreta, Nordküste Plin. 4, 59, Ptol. 3, 15, 5.

Μητρόπολις in Thessalien ist aus einem Synoikismos mehrerer kleiner Städte hervorgegangen (Str. 9, 437), der spätestens im Anfang des 4. Jahrhunderts vollzogen war; *Μητρόπολις* in Akarnanien wird schon Thuk. 3, 107 bezeugt. In dieser Zeit kommen theophore Zu-sammensetzungen: Genetiv + *πόλις* noch kaum vor, als Kompositum in einem Wort sind sie nach der für diese Zeit gültigen Regel des Salmasius (s. o. S. 44 Anm. 2) unmöglich. *Μητρόπολις* bedeutet hier „die Stadt, welche Mutter ist". Auf Euböa nennt Stephanos eine Stadt *Μητρόπολις*, deren Einordnung nicht möglich ist.

Als theophor sind anzusehen

Μητρόπολις ἡ ᾿Εφεσία Ionien Str. 14, 632. 637. Ael. 16, 38.

Μητρόπολις Südphrygien, pisid. Grenze Str. 12, 576. 14. 663.

---

bewohnt waren, Schol. Arist. Av. 873 σάβους δὲ ἔλεγον καὶ τοὺς ἀφιερωμένους αὐτῷ τόπους καὶ τοὺς βάχχους τοῦ θεοῦ.

1) Vgl. die Zusammenstellung der Phylen und Demen bei F. G. Kenyon, **Phylae and Demes in the Greco-Roman Egypt**, Arch. Papyrusforschung II (1903) S. 74.

Μητρωάς Phyle Dorylaion GGA 159 (1897) S. 400 Nr. 44.
Μητρόπολις Nordphrygien, NW v. Dokimeion St. B. 2, Hierokl. 677, 12.
Μητρόπολις ἐν τῷ Πόντῳ Μοσσυνοίκων St. B. 7.
Μητρόπολις Eur. Sarmatien, Borysthenes Ptol. 3, 5, 14, St. B. 8.

Zu Metropolis im südlichen Phrygien bemerkt Stephanos: *ἀπὸ τῆς μητρὸς τῶν θεῶν οἰκισθεῖσα, ὡς Ἀλέξανδρος ἐν τῷ περὶ Φρυγίας.* Münzen der Stadt mit dem Bildnis der *Μήτηρ* veröffentlicht Ramsay JHS III 125.

Bei Metropolis in Ionien ist Kult der *Μήτηρ Γαλλησία* (vom *Γαλλήσιον ὄρος*) bezeugt, Keil-Premerstein 57, Inschr. nr. 154; die Göttermutter ist auf den Münzen CGC Ionia 177 ff. nr. 13/15, 19 f. abgebildet.

Zu der lydischen Stadt *Μάστανρα* (Str. 14, 650) bemerkt Stephanos *πόλις Λυδίας, ἀπὸ Μᾶς*; Sundwall 145 analysiert mastta + ure, vgl. *Μαστουσία*, Berg bei Smyrna Plin. 5, 118. Ferner erwähnt St. Byz. eine Stadt *Μαῖα* am Hellespont [1]). In dem Namen des korinthischen Dorfes *Μανσός* — St. B. *κώμη Κορίνθου. Θεόπομπος λβ΄ Φιλιππικῶν ,,Ασαὶ καὶ Μανσὸς κῶμαι μεγάλαι καὶ πολυάνθρωποι* — findet sich nach Abtrennung des ,,besonders in karischen Namen häufigen Elementes *νσσ*-'' (Fick, VO 82) Mā als Bestandteil; ob die Göttin *Mā* darin steckt, läßt sich nicht erweisen [2]).

Die Lallnamen Mama, Nana bzw. Mana vermutet Kretschmer 399 in den Städtenamen *Κόμανα* in Kataonien im Ἀντίτανρος (Str. 11, 521; 12, 535 berühmtes Heiligtum der Enyo-Ma) und am Iris (*τὰ Ποντικά*, Str. 12, 547. 557), *Κόμαμα* in Pisidien (Ptol. 5, 5, 7, Hierokl. 680, 13) und *Κονάνη* in Pisidien (Ptol. 5, 5, 4). Er hätte noch *Κόμανὸν τὸ ὄρος* in Kappadokien und *Κομανία* unweit Pergamon heranziehen können. Sundwall 122 f. analysiert dagegen + kuma - (a)ñna, + kuma-ma und + kuna - (a)ñna unter Anführung zahlreicher Ortsnamen, denen kuma und kuna als Hauptelement zugrunde liegt. *Κόμανα τὰ Ποντικά* heißt in den Keilschrifttexten aus Boghazköi ,,Kumani'' (Albrecht Goetze, Kleinasien zur Hethiterzeit, 1924, S. 5); das erweist Kretschmers Vermutung eher als unwahrscheinlich.

Ob die *ματαρ Κυβιλε* auf der Inschrift von Ajazin in Phrygien

---

1) *Μαῖα νῆσος* vor Afrika Stad. 75 = *Γαῖα νῆσος* Ptol. 4, 3, 12.

2) Abschreckend für voreilige Kombinationen wirkt Grasbergers Bemerkung S. 284: ,,Jedoch die Städte des Namens Magnesia bedeuten Mutterstadt, von der Göttin *Mā*.''

(Ramsay, Studies in Asia, Minor JHS 3, 1882, 41, Kretschmer 218) ihren Namen nach dem phrygischen Berg und Ort *Κύβελα* erhalten hat, wie auch sonst jeweils nach dem Ort, an welchem sie verehrt wurde [1]), oder, zusammenhängend mit phryg. *κύβηλις* „Beil" (Sittig 148), diesem Ort erst den Namen gegeben hat, ist nicht zu entscheiden; jedenfalls ist als sicher theophor zu verzeichnen

Κυβέλεια Dorf Ionien, b. Erythrai Hekataios FHGr I 230 Jac. Str. 14, 665.

Die in der *Δίκη φωνηέντων* Lukians Kap. 7 erwähnte Stadt — *ἐπεδήμουν ποτὲ Κυβέλῳ, τὸ δ᾽ ἐστι πολίχνιον οὐκ ἀηδές, ἄποικον, ὡς ἔχει λόγος, ᾿Αθηναίων* — ist nicht zu lokalisieren [2]).

Die der *Μήτηρ θεῶν* angeglichene ῾*Ρέα* erscheint *κόλπος ῾Ρέας* Mare Ionium Aisch. Prom. 837, vgl. Schol. Späterhin ist die Bezeichnung auch auf den Bosporus bezogen worden (Hesych, Photius). Fick, HD 35, erblickt im ῾*Ρέας κόλπος* eine Spur der Bryger (Phryger) an der Adria. Von einer der Rhea geweihten Grotte auf dem *Θαυμάσιον ὄρος* bei Methydrion in Arkadien, dem *σπήλαιον τῆς ῾Ρέας*, berichtet Paus. 8, 36, 3.

Die Insel Lemnos soll ihren Namen der „großen Göttin" verdanken, Hekataios bei Steph. (I 138 a Jac.) *ἀπὸ τῆς μεγάλης λεγομένης θεοῦ, ἢν Λῆμνόν φασι · ταύτῃ δὲ καὶ παρθένους θύεσθαι.*

Neben der thrako-phrygischen Göttin *Κότυς* finden sich die Eigennamen *Κότυς* (Sittig 152) und *Κότις* (BCH 8, 52); von einem *Κότις* oder *Κοτίας* ist *Κοτιάειον* Stadt in Phrygien Str. 12, 576 abgeleitet (Kretschmer 202), ob von der Göttin, ist zweifelhaft.

Ebenso läßt sich bei den von ῎*Ατ(τ)υς*, ῎*Αττης* abgeleiteten Ortsnamen im einzelnen Falle nicht immer entscheiden, ob in ihnen der Geliebte der Magna Mater oder nur ein Personenname enthalten ist.

᾿Ατυοχωρίον   Phrygien, am Maiandros JHS 4, 382 f.
᾿Ατουκώμη   Phrygien   JHS 8, 513.
῎*Αττουδδα*   Karien Sardis VII col. I, 10 (3. Jhd. v. Chr.).
῎*Ατταια*   Salzsee Phrygien, b. *Βοτιάειον* St. B. (*Βοτιάειον*).

---

1) Str. 10, 149 *μητέρα καλοῦντες θεῶν . . . ἀπὸ δὲ τῶν τόπων ᾿Ιδαίαν καὶ Δινδυμηνὴν καὶ Σιπυληνὴν καὶ Πεσσινουντίδα καὶ Κυβέλην.* 12, 567 *ὄρος . . . τὸ Δίνδυμον, ἀφ᾽ οὗ ἡ Δινδυμηνή, καθάπερ ἀπὸ τῶν Κυβέλων ἡ Κυβέλη.* St. B. *ἐστι καὶ Κύβελα Φρυγίας. καὶ Κύβελα ὄρος ἱερόν, ἀφ᾽ οὗ Κυβέλη ἡ ῾Ρέα λέγεται . . .* Tzetz. Lykophr. 1170 *ἐν Κυβέλλᾳ πόλει Φρυγίας.*

2) *Κυβέλη* bei St. B. ῾*Ηρωδιανὸς δὲ Κυβέλην φησὶ πόλιν Φοινίκης* ist vermutlich aus *Βύβλος* gräzisiert, Honigmann, RE.

107

Ἄττεα   St. Mysien   Str. 13, 607, Head 449.
λόφος Ἄτυος bei Smyrna   Aristid. I 449.
Ἀττάλυδα   Stadt Lydien   St. B.

Ἀτυοχωρίον bei Dionysopolis ist nur bekannt durch die Inschrift Ramsay JHS 4, 382 f. Μητρί Λητοῖ καὶ Ἡλίῳ Ἀπόλλωνι Ανερμηνῷ Ἀπολλώνιος Μηνοφίλου τοῦ Ἀπολλωνίου Ἀτυοχωρείτης ... Zu Atyochorion gehörte Ἀτουκώμη Ramsay Cit. 132. In Ἄττουδδα zwischen dem Maiandros und Salbakosgebirge (vgl. auch Hierokl. 665) steckt nach Ramsay Cit. 132 der Gott, nach Kretschmer 350 der lydische Name Ἄττυς, zur Silbe -δα vgl. Sundwall 56 + ata-da. In Ἄττουδδα wurde Μήτηρ Ἄδραστος verehrt, BCH 1887, S. 348 nr. 5 Z. 4 ἱερέα Θεᾶς Μητρὸς Ἀδράστου. Ἄττεα in Mysien ist wahrscheinlich identisch mit dem Ἀττάειον, zu dem die Münzen mit der Aufschrift Ἀττα(ε)ιτῶν Head 449 (Thraemer Pergamos 347 Anm., Kretschmer 183) gehören.

Ἀττάλυδα, Sundwall 56 + ata-la-da, soll nach St. B. den Gott Ἄτυς und dessen Sohn Lydos enthalten. Zu -δα vgl. Ἄττουδδα; nach Kretschmer 350 liegt in Attalyda nicht Attes, sondern Ἄτταλος zugrunde, wie in Attala in Phrygien (oder Pisidien).

Herodot I 94 nennt Atys Sohn des phrygischen Manes [1]), hinter dem eine alte, später mit Μήν und Zeus identifizierte Gottheit, steht, Ramsay, Cit. 169. 294, vgl. S. 566 ὑπὸ Μάνου Δάου [Ἡ]λιοδρόμου Διός.
Μανήσιον   Stadt Phrygien St. B.
Manegordo(n) „Manes-stadt" Phrygien (Galatien) It. Ant. 142, 5.
Μηνὸς κώμη Phrygien Ath. 2, 43 a.

Ἥλιος.

Ἡλίου νῆσος Insel zw. Indien u. Taprobane Plin. 6, 86.
Ἁλιεῖον   Berg zw. Korinth u. Epidauros   IG IV 926, 12.
Ἡλιάς   Phyle Kadyanda (Lykien)   Heb.-Kal. Nr. 80 f.
                                             (S. 55 f.).
Ἡλιούπολις   Ort bei Sardes   St. B. 4.
Ἡλιούπολις   Ort Thrakien   St. B. 2.

---

1) Die Varianten Μάνης, Μάννης, Μάσνης, Μάσδης sprechen gegen indogermanische Ableitung. Neben Manegordon existiert die für das Phrygische interessante Variante Manezordos (Kretschmer 231 f.). Μανουα in Pisidien bleibt unsicher; Kretschmer 399, 1 denkt an den Lallnamen „Mana".

'Ηλιούπολις Stadt Koilesyrien = Ba῾albek   Str. 16, 753, Jos. arch.
                                             14, 40.
'Ιερὰ 'Ηλίου ἄκρα Vorgeb. Arabia Felix   Ptol. 6, 7, 4.
'Ηλίου πόλις Stadt Unterägypten   Her. 2, 3 ff., Str. 17,
                                             803.
'Ηλίου νῆσος Insel zw. Indien u. Taprobane   Plin. 6, 86.
'Ηλίου λιμήν Hafen Taprobane   Ptol. 7, 4, 6.

In Korinth war Helios Hauptgott, von dessen Kult der Berg an
der epidaurischen Grenze seinen Namen trägt; Stephanos führt
'Ηλιούπολις als Parallelnamen von Korinth auf. Im übrigen sind die
originalhellenischen Helioskulte nicht allzu zahlreich, wie auch der
korinthische kaum althellenisch, geschweige denn indogermanisch
ist [1]); fehlt doch überdies gerade für Helios die für die griechischen
Gottheiten typische enge Beziehung von Ort und Kult (Kern I 94) [2]).
Die Namen in Thrakien und Kleinasien entsprechen der Verteilung
der theophoren Personennamen (Sittig 144 f.). Daß Rhodos poetisch
als 'Ηλίου νῆσος bezeichnet wird, ist zu erwarten, Apollonides Anth.
Pal. 9, 287, 4. Juliopolis in Bithynien, früher Γορδίου κώμη, heißt
in byzantinischer Zeit 'Ηλιούπολις Hierokles 697, 2.

In der syrischen 'Ηλίου πόλις liegt Baal, in der ägyptischen Ra-
Harachte zugrunde; vom Sonnenkult der Libyer zeugt die Her. 4,
181 nahe dem Ammonheiligtum angeführte 'Ηλίου κρήνη [3]).

Kult der Selene ist bezeugt auf dem

---

1) ἥλιος, kret. ἀβέλιος, geht auf idg. sau̯el- zurück, von dem das Wort mit
Hilfe des Suffixes -ιο- gebildet ist; der Sonnengott selbst ist nicht indogermanisch, wie neben der verschiedenartigen Bildungsweise die verschiedenen Genera
der „Sonne" in den indogermanischen Sprachen dartun, vgl. Walde-Pokorny
II 446.
2) Ob der athenische Hügel 'Αρδηττός mit Kretschmer, Glotta XIV (1925)
318 unter Heranziehung des chaldischen Namens des Sonnengottes Ardinis als
„Sonnenberg" („dort tagt die ἡλιαία"!) gedeutet werden darf, kann hier nicht
entschieden werden, ebensowenig die von Wide, Lak. Kulte 216, angenommene
Beziehung des dem Helios geweihten Gipfels des Taygetos namens Ταλετόν auf
Zeus Ταλαῖος bzw. Ταλλαῖος, der mit Hesych Τάλως · ὁ ἥλιος identisch sein soll,
Fick, VO 90.
3) Die übrigen poetischen, fiktiven und sekundär auf Helios bezogenen Orts-
namen dürfen außer Betracht bleiben, wie etwa Solis promunturium in Maure-
tanien Plin. 5, 9, das aus Σολόεις ἄκρα Her. 2, 32 gedeutet wurde und daher
Ptol. 4, 1, 3 als 'Ηλίου ὄρος wiederkehrt. Lat. Aeliodorus für 'Ηλιόδωρος lehrt die
Verknüpfung des Aelius Hadrianus mit Helios.

$\Sigma\varepsilon\lambda\dot\eta\nu\eta\varsigma$ $\ddot o\varrho o\varsigma$ $\ddot a\varkappa\varrho o\nu$ Lusitanien Ptol. 2, 5, 3,
vgl. CIL II 258 f. ,,Soli et Lunae'' und $\varLambda o\nu\nu\dot a\varrho\iota o\nu$ $\ddot a\varkappa\varrho o\nu$ Ptol. 2, 6, 18
in der Tarraconensis [1]).

Θεοί.

$\Theta\varepsilon\tilde\omega\nu$ $\ddot o\chi\eta\mu a$ Gebirgszug Westküste v. Afrika Hanno 16, Ptol. 4, 6, 3.
$\Theta\varepsilon\tilde\omega\nu$ $\lambda\iota\mu\dot\eta\nu$ Mauretania Caesariensis Str. 17, 829, Ptol. 4, 2, 2.
$\Theta\varepsilon\tilde\omega\nu$ $\nu\tilde\eta\sigma o\iota$ 2 Inseln vor Hisp. Tarraconensis Ptol. 2, 6, 73.
Die Namengebung ist semitisch wie in
$\Theta\varepsilon o\tilde v$ $\pi\varrho\dot o\sigma\omega\pi o\nu$ Felsenspitze Phönizien, Libanon N Skyl. 104.
Christlich sind
Theopolis   Gallia Narbonensis CIL 12, 1514 (5. Jhd. n. Chr.).
$\Theta\varepsilon\dot o\pi o\lambda\iota\varsigma$ Ägypten St. B.
$\Theta\varepsilon o\dot v\pi o\lambda\iota\varsigma$ = Antiocheia $\dot\eta$ $\dot\varepsilon\pi\dot\iota$ $\varDelta\dot a\varphi\nu\eta\varsigma$ Syrien Prok. aed. 2, 10. 4, 5;
    St. B., von Kaiser Justinian nach dem Erdbeben (526/528 n. Chr.)
    umbenannt; Keil-Wilh. 477 (aus Korykos in Kilikien) $\Theta\dot\iota\varkappa\eta$ $'I\omega\dot a\nu$-
    $\nu o\nu$ $\Theta\varepsilon o\sigma\pi o\lambda\dot\eta\tau o\nu$.
$X\varrho\iota\sigma\tau\dot o\pi o\lambda\iota\varsigma$ heißt in byzantinischer Zeit $\varDelta\iota\dot o\varsigma$ $\iota\varepsilon\varrho\dot o\nu$ in Lydien, ferner
    Amphipolis am Strymon neben $X\varrho\nu\sigma\dot o\pi o\lambda\iota\varsigma$.
$\varDelta a\iota\mu\dot o\nu\omega\nu$ $\nu\tilde\eta\sigma o\varsigma$ Arabischer Meerbusen Ptol. 6, 7, 43.
    Nach den ,,Manen'' könnte benannt sein (Fick, AO)
Paternnesos, Pateria Inseln vor d. thrak. Chers. Plin. 4, 74.
    Verfehlt ist die theophore Einordnung von $\varGamma\varepsilon\varrho\dot o\nu\tau\omega\nu$ $\lambda\iota\mu\dot\eta\nu$ und $\varGamma\varepsilon$-
$\varrho o\nu\tau\dot\iota a$ $\nu\tilde\eta\sigma o\varsigma$ durch Gruppe 751; zur Insel Gerontia im sinus Paga-
siticus Plin. 4, 72 wird eher der illyrische Personenname Gerontius
zu vergleichen sein, Krahe 88; über den $\varGamma\varepsilon\varrho\dot o\nu\tau\omega\nu$ $\lambda\iota\mu\dot\eta\nu$ auf Chios vgl.
Ael. 12, 30 $\varkappa a\dot\iota$ $\dot\varepsilon\nu$ $X\dot\iota\omega$ $\delta\dot\varepsilon$ $\dot\varepsilon\nu$ $\tau\tilde\omega$ $\varkappa a\lambda o\nu\mu\dot\varepsilon\nu\omega$ $\varGamma\varepsilon\varrho\dot o\nu\tau\omega\nu$ $\lambda\iota\mu\dot\varepsilon\nu\iota$ $\tau\iota\vartheta a\sigma\tilde\omega\nu$
$\dot\iota\chi\vartheta\dot v\omega\nu$ $\pi\lambda\tilde\eta\vartheta\dot o\varsigma$ $\dot\varepsilon\sigma\tau\iota\nu$, $o\ddot v\sigma\pi\varepsilon\varrho$ $o\tilde v\nu$ $\dot\varepsilon\varsigma$ $\pi a\varrho a\mu\nu\vartheta\dot\iota a\nu$ $\tau o\tilde v$ $\gamma\dot\eta\varrho\omega\varsigma$ $\tau o\tilde\iota\varsigma$ $\pi\varrho\varepsilon\sigma$-

---

1) Nach der sichelförmigen Gestalt heißt $\Sigma\varepsilon\lambda\eta\nu\dot\iota\varsigma$ = $\varDelta\varrho\dot\varepsilon\pi a\nu o\nu$, Vorgebirge
im ägyptischen Nomos Libya, ferner vielleicht eine der äolischen Hekatonnesoi
namens $\Sigma\varepsilon\lambda\dot\eta\nu\eta$ (St. B., sic libri); $\Sigma\varepsilon\lambda\dot\eta\nu\eta\varsigma$ $\ddot o\varrho o\varsigma$ bzw. $\Sigma\varepsilon\lambda\nu a\tilde\iota a$ $\ddot o\varrho\eta$ in Äthiopien
ist Übersetzung einer (ihrerseits schon sekundären) arabischen Benennung, RE
II A 1144 f.
Die im Sinne von luna = Mond gedeutete etrurische Stadt Luna erscheint
bei Stephanos als $\Sigma\varepsilon\lambda\dot\eta\nu\eta$, $\pi\dot o\lambda\iota\varsigma$ $T\nu\varrho\varrho\eta\nu\dot\iota a\varsigma$, dazu gehört $\Sigma\varepsilon\lambda\dot\eta\nu\eta\varsigma$ $\ddot a\varkappa\varrho o\nu$ in Etru-
rien Ptol. 3, 1, 4 und $\Sigma\varepsilon\lambda\dot\eta\nu\eta\varsigma$ $\lambda\iota\mu\dot\eta\nu$ Str. 5, 222. Poetisch scheint Plut. fluv. 18, 4
$\Sigma\varepsilon\lambda\eta\nu a\tilde\iota o\nu$ Berg Argolis = Apesasgebirge zu sein, Bursian II 35 f.

βυτάτοις οἱ Χῖοι τρέφουσι. In Frage käme höchstens der Berg Γερόντειον in Arkadien Paus. 8, 16, 1. 22, 1.

Von den ägyptischen Gottheiten treten außerhalb Ägyptens und seines Nachbarbereiches in griechischen Ortsnamen auf

Σεράπιν   Grundstück Thera IG XII 3, 343, 3.

Σαραπιεῖον   Tp. u. Küstenpunkt b. Byzanz Pol. 4, 39, 6; Dion. Byz. Anapl. Bosp. 2, 19 S. 56 M Σεράπιον.

Σαραπιάς   Phyle Dorylaion GGA 159 (1897) S. 401.

Σεραπεῖον   Ort Syrte von Kyrene Stad. 67. 70.

Σαράπιδος νῆσος pers. Meerbusen, arab. Küste Anon. par. m. Erythr. 33.

Ortsnamen von Ammon finden sich nur an der nordafrikanischen Küste. Ἴσιδος ἱερόν heißt ein Stadtteil vom Rhodos App. Mithr. 26, Butoa Plin. 4, 61 = Λητῷα eine Insel vor Kreta (s. o. S. 59; Bursian II 569).

Παρθένος u. a.

Παρθένιον	Gebirge östl. Peloponnes, östl. Tegea	Her. 6, 105.
Παρθένιον	Stadt Arkadiens	Plin. 4, 20.
Παρθενίας	Fluß Elis, Nbfl. d. Alpheios	Str. 8, 357 [1]).
Παρθένιον	Ansiedlung Euböa St. B.; Demos IG XII 9, 249 B 218.	
Παρθενόπολις	Mösien, Scythae Aroteres	Plin. 4, 44, St. B.
Παρθένιον	Ort Thrakien	Plin. 4, 42, St. B.
Παρθενόπολις	Bithynien	Plin. 5, 148.
Παρθένιον πόλισμα	Mysien Xen. An. 7, 8, 15. 21,	Plin. 5, 126.
Parthenie	Insel vor Ionien (Erythrai oder Klaz.) Plin. 5, 117.	
Παρθένιος	Fluß Samos = Imbrasos	s. o. S. 31 f.. 99.
Παρθένιον	Vg. Lydien, b. Herakleia Latmos Artemidor bei St. B.	
Παρθένιον	Ort Leros	s. o. S. 74.
Παρθένιος	Fluß Paphlagonien Hom. Il. 2, 854, Hes. th. 344, Her. 2, 104.	
Παρθένιον	Vg. Chersonesos Taurike	s. o. S. 73 f.

---

1) Paus. 6, 21, 7 nach der Stute Παρθενία!

Παρθένιον   Dorf kimmer. Bosporus   s. o. S. 73 f.
Παρθενίας   Fluß Armenien, Nbfl. d. Tigris Plin. 6, 129.
Parthenicum   Stadt Sizilien, Nordküste   Is. Ant. 91; 97.

Theophorer Charakter der Namen ist nicht durchweg anzunehmen. Neben dem samischen Fluß mag der eine oder andere Name der Peloponnes mit der Hera *Παρθενία* zusammenhängen. Wie auf der Krim, wurde auch die paphlagonische *Παρθένος* mit Artemis geglichen, die am Gestade des *Παρθένιος* jagend vorgestellt wird (St. B.). Der Brunnen *Ἄνθιον φρέαρ* bei Eleusis wird Paus. 1, 39, 1 als derjenige in Anspruch genommen, wo Demeter auf der Suche nach Kore von den Töchtern des Keleos angetroffen wurde, *Παρθένιον φρέαρ* Hym. Hom. 99. *Παρθένιον* auf Euböa lag am Berg *Κοτύλαιον*, der der Artemis geweiht war (St. B.). Derartige kultische und mythologische Identifikationen werden auch bei den übrigen Orten häufig in Frage kommen. Der Parthenius sinus in Bruttium Plin. 3, 72 geht auf die *Παρθῖνοι*, Parthini zurück; der Name ist illyrisch, vgl. Parth-anum in Rhaetien, heute Partenkirchen, Krahe 94.

Theophor sind allem Anschein nach, ohne daß die zugrunde liegende Gottheit zu ermitteln wäre,

Κούριον Berg Ätolien   Str. 10, 451.
Κούριον Stadt Kypros, Süden Her. 5, 113.

Auf Cypern ist in Kurion bedeutender Apollon-Kult nachweisbar (vgl. o. S. 54, 57).

Die kyprischen *Κουριέες* sind *Ἀργείων ἄποικοι*. Nach der Stadt heißt die südliche Halbinsel Cyperns *Κουριάς* (Str. 14, 683). *Κουρόπολις* in Karien läßt sich nicht einordnen.

Den Namen der vornehmlich von den Ioniern (vgl. u. a. Bilabel 244 Massilia, Lampsakos) verehrten Meergottheit Leukothea [1]) trägt neben der Quelle auf Samos namens Leucothea Plin. 5, 135 (falls diese nicht direkt als „hellglänzende" benannt ist, Fick, AO 22, 50)

Λευκόθειον Vorgebirge Pamphylien Stadt. 210 f.

Die Samier haben die Südküste Kleinasiens besiedelt, Nagidos und Kelenderis in Kilikien sind ihre Kolonien (s. o. S. 28). Die Mel. 2, 121, Plin. 3, 83 erwähnte Insel Leucothea ist nach dem Zusammenhang der beiden Autoren, verglichen mit Str. 2, 123, identisch mit

---

1) „Lichte (weiße) Göttin", Eitrem, RE 12, 2293, die „über den weißen (Schaum) laufende", Kretschmer, Glotta 5, 306, Kern I 93, die „weißglänzende" nach Hes. Asp. 146 *ὀδόντων . . . λευκὰ θεόντων*, vgl. Fick, AO 22, 50.

Λευκωσία beim Vorgebirge südwestlich von Paestum [1]); die Eponyme der Insel ist unter die Sirenen eingereiht [2]). Der Kult der Sirene Παρθενόπη — Name von Neapel Str. 14, 654 — in Neapel wird durch Timaios fr. 99 M I S. 218 für das 5. Jahrhundert bezeugt, allerdings nicht ausdrücklich als Sirene.

Im Zuge der Lokalisierung der in der Odyssee vorkommenden Örtlichkeiten im tyrrhenischen Meer empfingen ihre Namen von den Sirenen die

Σειρηνοῦσσαι Inseln Golf v. Paestum, Norden Skymn. 225, Str. 1, 22.

Σειρηνουσσῶν ἀκρωτήριον = pr. Surrentinum gegb. Capreae Str. 5, 247.

Nach der δεινὴ θεός Kirke (Od. 11, 8; θεά 12, 112) heißt

Κίρκαιον Ebene und Ort Kolchis Ap. Rh. 2, 400 u. Schol., Plin. 6, 13 und in Mittelitalien, wo sie Hes. th. 1011 ff. bezeugt ist,

Κίρκαιον ἄκρον Vg. mit Städtchen Latium Skyl. 8.

Circei πολίχνιον Str. 5, 232, Κιρκαῖται Polyb. 3, 22, Liv. 1, 56, 3, Kult der Kirke Cic. de deor. nat. 3, 19, 48, Str. a. a. O.

Κίρκης νῆσοι Inseln tyrrhen. Meer Skymn. 225.

Nach Göttinnen, insbesondere Nymphen scheinen nicht wenige Quellen, Berge und Orte benannt zu sein, ohne daß sich jedoch Priorität des Personennamens gegenüber dem Ortsnamen erweisen ließe; das gilt insbesondere für die von Gruppe 742/52 behandelten Fälle. Nicht selten ist Νύμφαιον als Ortsname, zu dem Lymphaeum, Stadt in Bruttium, Liv. 30, 19 zu zählen ist. Μουσεῖον heißt ein τόπος περὶ τὸν Ὄλυμπον in Makedonien Pol. 37 bei St. B. und ein böotisches Heiligtum am Wege ἀπὸ τοῦ Πετράχου παρὰ τὸ Μουσεῖον ἐπὶ τὸ Θούριον Plut. Sull. 17 (463). Einen Χαρίτων λόφος gab es in Kyrene Schol. Pind. Pyth. 5, 31 (Kallim. fr. 266 Schn.) und in Libyen im Lande der Makai Her. 4, 175. Fick schreibt ferner Χαρισίαι in Arkadien den Chariten zu, mit zweifelhaftem Recht. Den zahlreichen von der mit ägyptischen Gottheiten identifizierten Νέμεσις abgeleiteten Personennamen wie Νεμεσιανός, Νεμεσίων u. a. gesellt sich ein Ptol. 4, 5, 14 aufgeführtes Νεμέσιον in der Marmarika (RE XVI 2355 Herter).

---

1) Die sonst Εἰλειθυίας πόλις genannte oberägyptische Stadt heißt Plin. 5, 60 urbs Leucotheae. Die lakonische Ἰνὼ σαλασσομέδοισα (Alkm. 39 D) hat eine heilige Quelle bei Epidauros Limera, Ἰνοῦς ὕδωρ, Paus. 3, 23, 8.

2) Nicosia, Hauptstadt Cyperns, heißt griech. Λευκωσία, angeblich nach Leukon, einem Ptolemäer.

'Αχιλλεύς.

'Αχίλλειον   Hafen Skyros   Schol. Il. 19, 326.
'Αχίλλειον   St. Troas, b. d. Grab am Sigeion   Her. 5, 94.
  'Αχίλειτις χώρα ebd.   Diog. Laert. 1, 74.
'Αχίλλειος χάραξ Ort Mysien bei Χρύση   Str. 13, 613.
'Αχίλλειον   Festung bei Smyrna   St. B.
'Αχίλλειος κρήνη Milet   Ath. 2, 43 d.
'Αχίλλειον   St. ἐν Μαιάνδρου πεδίῳ Xen. hell. 3, 2, 17; 4, 8, 17.
Achillea   Insel bei Samos   Plin. 5, 135.
'Αχιλλικός   Grundstück Astypalaia   IG XII 3, 182, 2.
'Αχιλλέως νῆσος = Leuke, v. d. Mündg. d. Istros Skyl. 68, Skymn. 791.
'Αχίλλειος δρόμος Landzunge Mündg. d. Borysthenes Her. 4, 55. 76.
                 Skymn. 820, Str. 7, 307, 'Αχιλλέως ἄλσος ebd.
'Αχιλλέως νῆσος = Βορυσθενίς vor der Mündg. d. Bor. Dio Chrys. 36,
                                                    439.
'Αχίλλειον κώμη   am Kimmer. Bosp.   Str. 7, 310; 11, 494.
'Αχίλλειος λιμήν Messenien   Skyl. 46, Paus. 3, 25, 4.
  καὶ κώμη 'Αχίλλειον   St. B.
'Αχίλλειον   Ort Sizilien   St. B.

Der thessalische von den Äolern nach dem Norden Kleinasiens hinübergetragene Heros hat sich weiterhin zu den Ioniern und den karischen Inseln ausgebreitet, bei denen er Kult und göttliche Verehrung erlangte. Vor Tanagra in Böotien hatte er einen Tempel, 'Αχίλλειον Plut. qu. graec. 37. In Erythrai gab es ἱερητεῖαι . . . 'Αχιλλέως, Θέ[τιδος . . . Ditt. Syll. 1014, 50 (b 2). In Milet soll Achilleus den Telamonssohn Τράμβηλος getötet haben (Athen. a. a. O., Schol. Lykophron 467, Parthenios Erot. 26, neuer Euphorionpapyrus, Latte Phil. 1935). Achilleion in der Mäanderebene ist vermutlich milesisch (Bilabel 249). Auf Astypalaia wurde Achilleus als Gott verehrt, „Achillem Astypalaeenses insulani sanctissime colunt", Cic. de deor. nat. 3, 45.

In der milesischen Kolonie Olbia hat er Kult als Ποντάρχης Lat. I 77—83, IV 17 f. Alkaios 14 D preist ihn 'Αχίλλευς, ὃ γᾶς Σκυθίκας μέδεις. Dio Chrysostomus berichtet: (οἱ Βορυσθενεῖς) τὸν 'Αχιλλέα .. ὑπερφυῶς τιμῶσι, καὶ νεὼν τὸν μὲν ἐν τῇ νήσῳ τῆς 'Αχιλλέως καλουμένῃ ἵδρυνται, τὸν δὲ ἐν τῇ πόλει.

Im südlichen Lakonien kennt Pausanias zahlreiche Achilleuskulte. In Unteritalien wurde Achilleus in Taras und Kroton verehrt; der sizilische Ort könnte übrigens chalkidisch sein, vgl. das erwähnte Achilleion bei Tanagra, fast gegenüber von Chalkis.

In Thessalien gab es einen Ort mit Tempel der θαλασσία Θέτις (Eur. Andr. 17 f.) namens Θετίδειον, πόλις Θετταλίας, Eur. Andr. 20 n. Schol., πλησίον τῶν Φαρσάλων ἀμφοῖν τῆς παλαιᾶς τε καὶ τῆς νέας Str. 9, 431, bei St. B. Θεστίδειον, Ἑλλάνικος δὲ δίχα τοῦ σ φησίν, ἀπὸ Θέτιδος.

Indogermanische und vorindogermanische griechische theophore Ortsnamen.

Nach der formalen Bildungsweise hat Fick, AO 23, 1 ff., 189 ff. den Bestand der altgriechischen Ortsnamen (im engeren Sinne der bewohnten Orte) geordnet; speziell die theophoren Namen erörtert Kretschmer 419 f. Er hält die Verwendung des Namens der Gottheiten, vor allem der Göttinnen, als Stadtnamen ohne weitere Änderung, höchstens unter Differenzierung durch Plural und Akzent, für die älteste Form der Ableitung. Die von ihm beigebrachten Belege Ἀθῆναι, Ἀλαλκομεναί, Ἀλέα, Ἄπτερα, Βούδεια, Δελφοί, Κυρήνη, Μελαιναί, Ὀλβία, Ὀρθία und Ποτνιαί sind nicht stichhaltig. Ἐλευσίς, Ἀδρανός und Πρίαπος sind nichtgriechische Bildungen, Μαῖα und Γραῖα sowie Μάνδραι nicht sicher theophor. Πάν auf Kreta hat es nicht gegeben, Λατώ auf Kreta ist casus obliquus, Λατώς vorgriechisch, der theophore Charakter nicht erweisbar. Κονδυλέα, Σαλγανεύς, Μόνοικος und Κιθαριστής sind höchstwahrscheinlich nicht theophor, Πανδοσία und Τέρινα bestimmt nicht. Das Material rechtfertigt also keineswegs Useners, Kretschmers und Ficks (AO 23, 240 ff.) Aufstellung eines Bildungsprinzips theophorer Ortsnamen (im strengen Sinne) direkt aus dem Gottesnamen, auf welches Gruppe 744 ff. seine weitgehenden Hypothesen gründet.

Unmittelbar mit dem Götternamen benannt sind nur Grundstücke wie Ἡρακλῆς bei Mytilene, Ἑρμῆς und Ἀσκληπιός auf Thera neben Ποσιδάνιν und Σεράπιν, alle anscheinend nicht bewohnt, und kleine Siedlungen, wie Ἰάκινθος, Dictynna und Τυνδαρίδαι, alle Gottheiten sind vorgriechisch. In der Kyrenaika liegt Ἄρταμις κώμη, ob Ἄρταμις allein gebräuchlich war, ist, wie die Entstehung des Namens, nicht zu erschließen. Γενναΐς bei Phokaia stellt ange-

sichts von *Τυνδαρίς* und auch *Διοσκουρίς* und *Βακχίς* keinen voll-
gültigen Beleg für die in Frage stehende Bildungsweise dar.

Nur in verschwindend geringen Fällen ist die Benennung einer
Stadt nach einer Epiklese ernsthaft zu erwägen. Von den Städten
auf *-ία* kommt nur *Οὐρανία* auf Kypros in Frage. Da handelt es sich
kaum um einen ausgesprochenen Beinamen, sondern um einen regu-
lären Namen der Göttin, wie *Κύπρις*. Daß Göttin und Stadt gleichlauten, liegt am Suffix; der Stadtname kann ohne Bedenken den
üblichen adjektivischen Bildungen zugerechnet werden. *Ὀλυμπία*,
vielleicht *Λυκαία*, geht auf eine Lokalepiklese zurück, wie *Δήλιον*
(*Δηλία* in Karien bleibt fraglich), *Πύθιον* und *Γεραίστιον*, beweist somit wenig für die von Usener, Kretschmer und Gruppe angesetzte
Bildungsweise. Die übrigen Ortsnamen, in welchen eine Epiklese
steckt, gehen auf Heiligtümer zurück, um die sich sekundär eine
Ansiedlung entwickelte, da handelt es sich nicht von vornherein
um Ortsnamen:

Δελφίνιον, Γενέθλιον, Γενέσιον, der Berg *Κηρύκιον*; *Ἀκακήσιον* ist
problematisch.

Die eingliedrigen theophoren Ortsnamen gehören demnach, soweit es sich um bewohnte Ortschaften und Städte handelt, dem
adjektivischen Bildungstypus an. Der Satz Kretschmers S. 419: „In
jüngerer Zeit herrschen die Bildungen auf *-ια, -ιον, -ιας* vor" ist da-
hingehend zu modifizieren, daß ältere, spezifisch griechische Bil-
dungsweisen als diese nicht nachzuweisen sind, und weiterhin, daß
die drei genannten Bildungen keineswegs entwicklungsmäßig und
zeitlich gleichzustellen sind, das Suffix *-ιάς* ist ohne Zweifel jünger.

Die älteste Form der Namengebung besiedelter Ortschaften sowie
von Bergen und Vorgebirgen liegt in der Bildung: Stamm des Gottesnamens + Suffix *-ιον* vor als ursprüngliche Adjektive zu *ἱερόν*
bzw. *ὄρος*, z. B. die Städte *Δῖον, Ἀρτεμίτιον, Ποσιδήϊον*, die Berge
Κρόνιον, Ἡραῖον, Ἀρτεμίσιον, die Vorgebirge *Δῖον, Ἀρτεμίσιον, Ποσείδιον*. Die Stadt *Ἥραιον* bei Perinth geht auf *Ἡραῖον τεῖχος* zurück.

Als der für Neugründungen bzw. Neubenennungen bis gegen 400
v. Chr. gebräuchlichste Ausgang ist der auf *-ία* zu bezeichnen, z. B.
*Ἱστιαία, Ἡφαιστία, ἩρϜαία, Ἀφροδιτία, Ποσειδανία, Ποτιδανία, Ποτί-
δαια*. Das Suffix *-εια* fehlt bei Ableitungen von Götternamen fast
völlig, so häufig es bei solchen von Heroen und geschichtlichen Per-
sönlichkeiten, insbesondere vergöttlichten Dynasten, auftritt, z. B.
Κάδμεια, Σελεύκεια. *Ἡράκλεια* kann auf *ἩρακλεϜ -ια* zurückgehen,

116

vgl. Fick, AO 23, 209. Es bleiben die kleinasiatischen Namen *Κυβέλεια*, *'Αδράστεια* (?), vgl. *"Αττεα*.

Bildungen auf *-ίς* sind vertreten durch *Διοσκουρίς*, *Τυνδαρίς*, *Βακχίς*. *Τυνδαρίς* auf Sizilien wurde 396 gegründet, *Διοσκουρίς* ist die bei Ps.-Skylax überlieferte Form, später heißt die Stadt *Διοσκουριάς*; ich möchte den Milesiern die erste Form zuschreiben.

In hellenistischer Zeit verdrängt das seit dem 5. Jahrhundert auftretende Suffix *-ιάς* endgültig das ältere *-ία*. Demetrios Poliorketes nennt seine Stadt in der Phthiotis *Δημητριάς*. Herodot und Ps.-Skylax kennen die Insel *'Αφροδισιάς* vor der Kyrenaika, Ps.-Skylax die Insel *Διονυσιάς* vor Lykien. Für das 5. Jahrhundert wird *Διοσκουριάς ἄκρα* in Unteritalien genannt. Eine von den üblichen abweichende Bildung liegt in *'Αρτεμίτα* vor; es bleibt fraglich, ob *'Ανάκη* den *"Ανακες* zuzuweisen ist, *Λητή* ist sekundär auf Leto bezogen.

Der zweigliedrige Name *Διὸς ἱερόν* erscheint bei Thukydides, die *Διοσιρῖται* auf den attischen Tributlisten. Die Einwohner von *'Απόλλωνος ἱερόν* in Lydien heißen bei Plinius Apollonhieritae. Die Zusammensetzungen mit *πόλις* greifen in hellenistischer Zeit um sich, typisch sind sie für die griechischen Benennungen ägyptischer Gemeinwesen. Die den vollen Genetiv bewahrende zweigliedrige Form, z. B. *Διὸς πόλις*, *'Απόλλωνος πόλις*, *Διονύσου πόλις*, *'Ερμούπολις* stellt den älteren Typus gegenüber dem Kompositum dar, z. B. *'Αθηνόπολις*, *Μητρόπολις*, *'Απολλωνόπολις*.

Neben den Zusammensetzungen mit *-πόλις* sind die mit *λιμήν* und *κώμη* zu nennen, die meist zweigliedrig sind, z. B. *Διὸς Σωτῆρος λιμήν*, *'Ηρακλέους λιμήν*, *Διὸς κώμη*; Komposita sind *'Ατουκώμη*, *'Ατυχωρίον*. Zweigliedrig sind die Namen der Berge und Vorgebirge, soweit sie nicht gleich den auf ihnen befindlichen Heiligtümern mit dem Suffix *-ιον* ausgestattet sind, z. B. *Διὸς ἄκρον*, *Πανὸς ὄρος*, *'Ηραῖα ὄρη*, ὁ *Σάνδιος λόφος*, *'Ερμαῖος λόφος*, *'Ασκληπιοῦ πέτρα*. Ebenso bestehen die Namen der Flüsse und Gewässer in adjektivischen sowie in zweigliedrigen substantivischen Bildungen, z. B. *Παρθένιος* Fluß in Paphlagonien, sc. *ποταμός*, *'Ρέας κόλπος*, *Ποσειδῶνος λίμνη*, *'Απολλωνιᾶτις λίμνη*.

Als formale Kriterien für indogermanische bzw. vorindogermanische Herkunft der theophoren Ortsnamen sind somit folgende anzusehen:

A. Indogermanische Ortsnamen.

1. Griechischer Bildung.

Als ursprünglich hellenisch bzw. hellenisiert erweisen sich theophore Ortsnamen mit den älteren Endungen -ιον, -ια, auch -ις, und der jüngeren -ιας sowie der jüngeren zweigliedrigen Form: Genetiv + πόλις, noch jünger ist das Kompositum mit πόλις. Eine Bildungsweise: Theophorer Ortsname = Gottesname läßt sich nicht als spezifisch hellenischer Typ theophorer Ortsnamenbildung erweisen.

2. Phrygischer Bildung.

-ιο- als ortsnamenbildendes Suffix eignet ferner dem Phrygischen, Kretschmer 183, Theophore Ortsnamen sind *Μανήσιον*, *Ἀττάειον*, Manegordos (bzw. -on).

B. Vorindogermanische Ortsnamen.

Als vor- bzw. nichtindogermanische Ortsnamen, deren theophorer oder mindestens sakraler Charakter als wahrscheinlich gelten **darf**, seien notiert:

Κάβειρα (?), *Ἄττουδδα*, *Ἀττάλυδα* (?), *Κύβελα* (?);
Σανδάλιον in Pisidien, *Δαλίσανδος*, *Σάνδαινα* (?);
Λάβραυνδα, *Οὔλια* und *Αὔλια* (?), *Πανάμαρα* (?);
Ἴμβρος, *Ἴμβρασος* (Fluß);
Σμίνθη, *Μάνδραι* (?), *Μάνδρα* (?);
Ἱάκινθος auf Tenos, *Ἐλευσίς* (?), *Ἀθῆναι* (?);
in *Ἀδρανός* könnte ein illyrischer, in *Πρίαπος* ein phrygischer Stamm zugrunde liegen; für die Bildungsweise von *Ἀδρανός* lassen sich auf italischem Boden Parallelen finden, für *Πρίαπος* auf phrygischem nicht; man wird die formale Bildung *Πρίαπος* kaum für das Indogermanische in Anspruch nehmen dürfen.

In den Stämmen der Ortsnamen auf -νθος, -νδα, -σσός, -ττός, -ήνη mögen bisher noch nicht erschlossene Götternamen und sakrale Begriffe enthalten sein.

Indogermanische und vorindogermanische Gottheiten in griechischen Ortsnamen.

Mit der Feststellung der griechischen bzw. phrygischen Form des Ortsnamens ist über die Herkunft und Heimat des in ihm enthaltenen Gottes selbst noch nichts ausgesagt. Darüber geben Etymologie und Kultgeschichte Auskunft; dabei sind die theophoren Personen- und Ortsnamen ihrerseits als bedeutsame Dokumente der Kultgeschichte anzusehen und auszuwerten. Im allgemeinen ist die ortsnamengebende Kraft einer Gottheit im wesentlichen auf ihre Heimat und benachbarte Landschaften beschränkt, der Bereich der theophoren Personennamen sowie des Kultes überhaupt erstreckt sich naturgemäß stets weiter als derjenige der Ortsnamen. Eine die engen Grenzen des heimatlichen Bereiches sprengende Ausbreitung theophorer Ortsnamen kann erfolgen

1. durch die Kolonisation. Der Kult des heimatlichen Gottes wird in die Fremde mitgenommen und findet in Namen neuer Ansiedlungen seinen Niederschlag;

2. durch den Einfluß berühmter und mächtiger Kulte. So sind z. B. die beiden Διονυσιάδες νῆσοι an der Nordostspitze Kretas und das Gut Διονύσιον auf Delos nicht vom Dionysoskult auf Naxos zu trennen, die von ihren Bewohnern selber als Διονυσιάς bezeichnet wurde, ebensowenig die Ἀσκληπιεῖς auf Amorgos und das Grundstück auf Thera von den Kulten in Epidauros und Kos. Auf den Apollon von Delos gehen Apollonia auf dem nahen Siphnos und auf Kreta, ferner über Thasos und Paros Apollonia östlich der Mündung des Strymon sowie die gleichnamigen chalkidischen Kolonien im Norden und Westen zurück. Δήλιον und Δελφίνιον gegenüber Chalkis auf dem Festland weisen nach Osten, Δήλιον vielleicht als Station auf dem Wege der Kultwanderung von Delos nach Delphi, welche die Athener natürlich über Attika leiteten, vgl. Aisch. Eum. 9 ff.

> λιπὼν δὲ λίμνην Δηλίαν τε χοιράδα,
> κέλσας ἐπ᾽ ἀκτὰς ναυπόρους τῆς Παλλάδος
> ἐς τήνδε γαῖαν ἦλθε Παρνησσοῦ θ᾽ ἕδρας.

Auf Delphi gehen zurück: Apollonia, späterer Name von Kyparissos, das Kastell der ätolischen Apodoter, die Stadt auf den Echinaden und in Illyrien, die Echinaden Artemita und Dionysias, Letoa vor Kephallenia, Artemition in Unteritalien. Auf den pergamenischen

Kult gehen die nach Athene genannten Phylen in Ikonion, Eumeneia, Laodikeia und Nysa zurück;

3. durch den Kult einzelner Dynastien: Herakles als Stammvater der spartanischen Agiaden und Eurypontiden und der makedonischen Argeaden, Apollon als der der Seleukiden, Dionysos als derjenige der Ptolemäer;

4. durch mythologisch-geographische Spekulation: die Inseln Δία, die Säulen des Herakles u. a.;

5. durch Identifikation mit analogen nichtgriechischen Gottheiten.

Den größten Anteil an der Ausbreitung theophorer Ortsnamen trägt die Kolonisation. Posidea, Demetrion und Achilleion in der kleinasiatischen Äolis gehen auf die äolische Besiedlung aus Thessalien zurück. Die von der nördlichen Peloponnes — Argolis, Achaja, Korinth — ausgehende Kolonisation begründet die Poseidonstädte in Lukanien und Kilikien, auf Karpathos und der Chalkidike. Die Athener begründen 'Αϑῆναι Διάδες auf Euböa und 'Αϑῆναι in Akarnanien.

Megarische Kolonisten tragen Hera nach Sizilien (Ύβλα ῾Ηραία, ῾Ηραῖα ὄρη, plaga Heraeum) und Bithynien (῾Ηραία, vgl. ῾Ηραία ἄκρα), Samier nach Kreta und der Propontis; ohne die Megarer und Samier wären die theophoren Ortsnamen von Hera auf die Peloponnes beschränkt geblieben. Auf die megarische Kolonisation in Bithynien gehen Δημήτριον, der Berg Δαματρῦς und die Phyle Δημητριάς in Amastris zurück; ohne die Megarer hätte die Göttin nur die äolischen Orte.

In der Kyrenaika erscheinen in den Ortsnamen Aphrodite, Herakles, die Dioskuren, auch Apollon (Karneios), alles weist nach Lakonien. Megara, Korinth und vornehmlich Sparta haben ihre Kolonien Herakleia genannt.

Wie Apollon als Archeget der ionischen Kolonisation Verehrung genoß, könnte man Herakles als Archegeten der lakonischen, Poseidon als denjenigen der achäisch-argivischen bezeichnen, für die megarische entsprechend Hera.

Die Milesier bringen ihren Gott Achilleus, der in der Maiandrosebene einer Stadt, bei Samos einer Insel, auf Astypalaia einem Grundstück seinen Namen aufprägte, an den Borysthenes und den Bosporos Kimmerikos, wo er in Ortsnamen lebendig ist, ferner an die Mündung des Borysthenes die Karerin Hekate: ῾Εκάτης ἄλσος.

120

So läßt sich die Entstehung der theophoren Ortsnamen von den Randgebieten der griechischen Welt siedlungsgeschichtlich bis an die Ausgangspunkte im Mutterland bzw. Kleinasien zurückverfolgen. In der Heimat finden sich noch stärkere Niederschläge des Kultes in Ortsnamen, vor allem auch derjenigen Gottheiten, die keinen nennenswerten Beitrag zur Ortsnamengebung einer Kolonisationsgruppe geleistet haben.

Da ist zuerst Zeus zu nennen, der nur wenige alte, dafür aber um so tiefere Spuren in Ortsnamen hinterlassen hat: *Δῖον* am Olymp, am Athos und auf Euböa, alle drei Städte spätestens aus dem 6./5. Jahrhundert bezeugt. Stamm und Endung sind korrekt indogermanisch-griechisch; die indogermanische Herkunft des Zeuskultes bestätigen Lage und Alter der Ortsnamen. Ebenso ist Hestia in nord- und mittelgriechischen Namen erhalten: *Ἑστιαία* am Olymp (vgl. Dion), *Ἱστιαία* auf Euböa (Il. 2, 537, vgl. 538 Dion), *Ἑστιαία* in Akarnanien und der attische Demos *Ἑστιαία*. Die Ortsnamen bekräftigen die auf Grund des Namens zu vermutende indogermanische Herkunft der Göttin.

Der Thessaler Asklepios übt erst als Gott auf der Basis des epidaurischen Kultes namengebende Wirkung aus. Nach Demeter heißt Demetrion = Pyrasos, nach Achilleus ein Hafen auf Skyros; beide wirken nach der kleinasiatischen Äolis hinüber. Der Name des Asklepios ist vorgriechisch, ebenso der Achills.

Athene ist vorgriechisch, Poseidon nicht befriedigend aus dem Griechischen zu erklären; er ist ein in Mittelgriechenland und der Peloponnes alteinheimischer chthonischer Gott, vgl. *Ποτιδανία* im Inneren Ätoliens und die Phylen in Achaja, Argolis, Arkadien.

Die Ortsnamen bezeugen Kronos und Karnos als peloponnesische Götter, Kronos in Elis Pisatis, Triphylien und Lakonien, Karnos in Arkadien und Lakonien. Nach Lakonien gehören Ino und Hyakinthos von Amyklai, der auf Tenos und in Attika in Ortsnamen vertreten ist, ferner die Tyndariden, die von der südlichen Peloponnes nach Sizilien und der Kyrenaika gelangt sind; ferner sind sie im Pontusgebiet in Ortsnamen wirksam. Die Gestalt der Dioskuren ist mit den vedischen Ašvins in Verbindung gebracht worden, bei anderen indogermanischen Völkern finden sich Parallelen. Ihr Name ist griechisch, anders ihr Kultname *Ϝάναχε*; *Τυνδαρίδαι* geht auf einen vorgriechischen Namen zurück.

Der Arkader Pan soll nach W. Schulze Indogermane sein, da ver-

missen wir seine Spuren in Nord- und Mittelgriechenland, in Attika
ist er später Ankömmling (wir kennen den Anlaß); das gilt hinsichtlich der theophoren Personen- und Ortsnamen gleichermaßen für die
Argiverin Hera, die „Schützerin", deren Name sich einwandfrei aus
dem Indogermanischen ableiten läßt; nach Attika ist sie erst nach
Schwund des ϝ gelangt, wie die Form Ἥρα gegenüber κόρ(ϝ)η zeigt
(Sittig 23, Anm. 1).

Auf Kreta hat Diktynna Vorgebirge und Siedlung, Eileithyia eine
Grotte, auf Tenos Ort und Phyle, wahrscheinlich geht Eleusis auf
sie zurück. Der „allen Ioniern gemeinsame" Delphinios hat Orte auf
Chios und bei Oropos. Der Kultbereich des Hephaistos wird durch
die Ortsnamen von Lemnos und Lykien charakterisiert. Smintheus,
später mit Apollon geglichen wie der Gott in Delphinsgestalt, besitzt
Orte auf Rhodos und in der Troas.

Für den „Thraker" Ares sind die Ortsnamen unergiebig. Διόνυσος
bzw. Δεόννυσος hat indogermanische Eltern, Zeus und Semele, seine
Etymologie bleibt unsicher. Städte hat er erst in hellenistischer Zeit
aufzuweisen, und zwar in Phrygien und Thrakien, in Hellas nicht.
Die Stadt Priapos ist alt, die indogermanische Herkunft des Gottesnamens ist nicht über jeglichen Zweifel erhaben. Manes ist nicht-
indogermanischer Phryger, wie die große Mutter und Attis. Mandros
ist Kleinasiat; Artemis ist Lydierin mit Phylen in Smyrna, Akmonia
und Dorylaion, einem Vorgebirge in Karien und Ortsnamen auf
Euböa und in Kolonien von Chalkis (Artemision bei Mylai, Phratrie in Neapel). Lydier ist ferner Pakis = Βάκχος, vor Phokaia liegt
die Insel Βάκχιον.

Karer sind Imbramos, dessen Namensstamm in dem karischen
Berg und Kastell, dem samischen Fluß und der Insel im thrakischen
Meer wiederkehrt, Labraundos, der in Labraunda verehrt wird, der
Heilgott Οὔλιος in den Οὐλιᾶται der attischen Tributlisten und He-
kate, nach der eine karische Stadt Ἑκατησία genannt wird; zwischen
den ursprünglich karischen Inseln Delos und Rhenaia liegt eine
Ἑκάτης νῆσος, unweit Olbia nannten die Milesier die Spitze einer
Halbinsel nach ihrer heimatlichen Göttin Ἑκάτης ἄλσος.

In Lykien besitzt Leto mehrere berühmte Heiligtümer und Haine;
ihr Name gehört einem kleinasiatischen Stamme an. Ihr Sohn ist der
Lykier Ἀπέλλων, nach welchem im Inneren Lykiens eine Stadt, vor
Lykien eine Insel, in Karien eine Stadt am Salbakos und ein Ort
Ἀπόλλωνος αὐλαί heißen; hinzu kommen die Kolonien des karischen

Milet am Pontus und am Rhyndakos, Ἀπόλλωνος ἱερόν in Lydien und Apollonia in Mysien, das Xenophon erwähnt. Phylen hat Apollon in Kadyanda in Lykien, in Nysa und Laodikeia in Karien und auf der karischen Insel Telos (von Magnesia sei hier abgesehen).

Die theophoren Ortsnamen sind durchaus geeignet, die Ansetzung der Heimat des Gottes in Lykien und Karien zu befürworten. Von hier aus ist er zum Gott der ionischen Kolonisation emporgestiegen, alle weiteren Ortsnamen lassen sich zwanglos auf den Gott von Delos und Delphi zurückführen; von Delos und Delphi unabhängige, primär dorische Ortsnamen von ihm sind bis ins 4. Jahrhundert nicht nachzuweisen. Priesterschaft und ekstatische Mantik in Delphi sind sicher nicht indogermanischen Ursprungs.

Auf Kypros, in Kilikien und Karien, Lakonien und Kyrenaika ist Aphrodite in Ortsnamen vertreten.

Die Musterung der griechischen theophoren Ortsnamen ergibt somit im Rahmen der Kultgeschichte überhaupt sowie unter Berücksichtigung der Etymologie folgendes Bild hinsichtlich der Heimat der einzelnen in Ortsnamen lebendigen Gottheiten:

Vorindogermanische Gottheiten.

1. Kleinasien:

    a) Phrygien: Magna Mater, Attis, Manes, Mandros, Kabiren.
    b) Lydien: Bakchos, Artemis.
    c) Karien: Imbramos, Hekate, $Oΰλιος$, Labraundos.
    d) Lykien: Leto, Apollon.
    e) Kilikien: Sandon.

2. Ägäische Inseln:

    Eileithyia, Diktynna, Hephaistos, Smintheus.

3. Hellas:

    a) Thessalien: Asklepios, Achilleus.
    b) Mittelgriechenland: Athene, Ϝάναξε, Paian (?)   ⎫ Posei-
    c) Peloponnes: Karnos, Kronos, Hyakinthos, Ino ⎭ don.

(?) Aphrodite.

Indogermanische Gottheiten.

I. A l t e r e r b t e: Zeus, Hestia, Pan (?).

II. I n d e n e i n z e l n e n V ö l k e r n g e w a c h s e n e:

    A. Thrako-phrygische: Ares (?), Dionysos (?), Priapos (?).
    B. Illyrische: Adranos (?).
    C. Griechische:
        1. Kleinasien: Leukothea, Γενναῖδες.
        2. Ägäische Inseln: Δελφίνιος.
        3. Hellas: Helios. Hermes (?).
           a) Thessalien: Demeter.
           b) Mittelgriechenland: Πότνιαι.
           c) Peloponnes: Hera, Διὸς κοῦροι.
                              Herakles.

Register der besprochenen Ortsnamen usw.

125

127

Lebenslauf.

Am 12. Oktober 1911 wurde ich, Busso Loewe, in Kiel als Sohn des Kapitänleutnants Odo Loewe und seiner Ehefrau Leonore, verw. Roenneberg, geb. Scheel, geboren. Mein Vater fiel am 2. Februar 1916 als Luftschiffkommandant. Von Herbst 1917 bis Ostern 1923 war ich Schüler des Katharineums zu Lübeck. Im April 1923 wurde ich in die Preußische Landesschule Schulpforta aufgenommen, wo ich im Frühjahr 1929 valedizierte.

Anschließend studierte ich in Kiel bis Herbst 1933 evangelische Theologie sowie klassische und indische Philologie; nur im Sommersemester 1931 studierte ich in Basel klassische Philologie und Italienisch. 1929 wurde ich vorläufiges, 1930 ordentliches Mitglied der Studienstiftung des Deutschen Volkes. Herbst 1930 wurde ich in die Oberstufe des Kieler Philologischen Seminars aufgenommen.

Im Februar 1933 meldete ich mich zur wissenschaftlichen theologischen Prüfung, welche ich im Oktober 1933 abschloß. Darauf trat ich in den Dienst der Evangelisch-Lutherischen Landeskirche Schleswig-Holsteins ein, den ich aus Gewissensgründen am 24. Februar 1934 wieder verließ. Seit Mai 1934 studiere ich in Tübingen indogermanische Sprachwissenschaft und Religionsgeschichte sowie indoiranische, klassische und germanische Philologie.

Meine Lehrer waren

in Kiel die Herren Professoren Caspari, Harder, Jacoby, Mandel, Mulert, Rendtorff, Schrader, Stenzel, Theiler, Windisch (†) und D. Voß,

in Basel die Herren Professoren Janner, Latte, Von der Mühll und Wackernagel,

in Tübingen die Herren Professoren Hauer, Herter, Sittig und Dr. Weller.

Allen meinen Lehrern verdanke ich reiche wissenschaftliche und persönliche Förderung. Besonderen Dank schulde ich Herrn Dr. Hermann Weller, dem achtfachen Träger des von der Königl. Akademie der Wissenschaften zu Amsterdam verliehenen Preises des Legatum Hoeufftianum für lateinische Dichtung, für die gemeinsame Durcharbeitung sämtlicher Gāthās des Zarathustra im Urtext, sowie den Herren Professoren Sittig und Herter für ihre mannigfachen Anregungen, Ratschläge und Hinweise zur Ausführung der vorliegenden Arbeit.

LIBRARY OF DAVIDSON COLLEGE

Books on regular loan may be checked out for **two weeks**. Books must be presented at the Circulation Desk in order to be renewed.

A fine is charged after date due.

Special books are subject to special regulations at the discretion of the library staff.